KB252213

한국인의 경영 코드

한국인의 경영 코드

한국인의 경영 코드

창/조/ 경/영/의/ 비/밀/은/ 인/간/ 존/중/이/다

이동규 지음

21세기북스
www.book21.com

내 인생의 보물찾기

변화와 혁신, 이 두 글자는 직장인라면 귀에 못이 박힐 정도로 들었을 것이다. 그러나 국민소득 3만 달러 시대를 바라보는 지금, 이런 진부한 콘셉트로 선진국으로 가는 열차를 타기는 어렵다. 과학과 기술의 20세기를 넘어 21세기 '창조 경제creative economy' 시대에서 가장 중요한 경쟁력은 상상력이다. 상상력이란 결국 '생각하는 힘how to think'이다. 인간의 생각에서 모든 위대한 것이 나오기 때문이다. 사물의 본질을 이해하는 능력이야말로 창조의 근원이다. 스티브 잡스가 사람들이 원하는 것을 만들어내기 위해 끝까지 추구한 최고의 혁신 가치인 단순함simplicity 또한 같은 맥락이다.

인터넷과 모바일 역시 인간 상상력의 산물이지만 그 속에만 빠져 살면 자신의 내면의 소리를 들을 수 없다. 결국에는 자신의 생각이 아닌 기계의 노예가 되고 만다. IT 미래학자 니콜라스 카Nicholas Carr 역시 최근의 저서 《생각하지 않는 사람들》에서 인간이 디지털 기기에 종속되면서 잃어가는 것들에 대해 경고한 바 있다. 오늘날의 '스마트smart' 홍수 속에서 진정한 스마트란 홀로 끊임없이 사고함으로써 길러진다. 논리와 현실의 차이를 꿰뚫어보는 전략적 사고, 시스템 사고는 하루아침에 되는 것이 아니다.

2011년 12월 통계청 발표에 따르면, 우리 젊은이들의 직업 선택 순위가 연봉, 안정성, 적성 순으로 나타났다고 한다. 한마디로 자신의 소질보다는 돈을 택한다는 이야기다. 직업이란 자신이 세상에 온 이유, 즉 업業을 직職, job을 통해 이루는 것으로서 짧은 인생의 여정에서 가장 황금기에 해당한다. 각자 태어나면서 하늘이 주신 달란트를 발휘해도 바쁜 것이 인생일진대, 직업 선택을 물질로 결정한다는 것은 개인적으로나 사회적으로 불행이 아닐 수 없다.

그리고 그런 선택은 결국 남보다 못하는 것을 열심히 해야 한다는 것을 뜻한다. 수많은 젊은이들이 청운의 꿈을 안고 직장 생활을 시작하지만 몇 년 지나지 않아 회의와 좌절에 빠지는 것도 자신의 영혼에 맞지 않는 직업을 택한 결과다. 자신의 영혼을 이끄는 직업, 남보다 잘할 수 있는 일을 더욱 잘하려면 무엇보다 내가 좋아하는 일을 해야 한다. 이것이 바로 인생의 지혜이며 성공의 열쇠다. 국가나 기업 경영에서도 마찬가지다. 따라서 하루라도 빨리 자기 내면의 보물찾기를 '천천히, 그러나 서둘러야hasten slowly' 한다.

국내 조직을 들여다보면 정부부처 공무원을 비롯하여 수많은 공공기관, 각종 협회, 민간 기업에 이르기까지 딱딱한 일상과 엄숙한 상사, 지루한 회의 등 숙연한 분위기가 주류를 이루고 있다. 그 결과 전 세계에서 가장 창조성이 뛰어나다는 한국인의 장점을 살리기는커녕 그 싹을 밑동부터 자르는 경우도 많다. 재미없는 회의에서 아이디어가 나올 리 없고 즐거움이 없는 지겨운 혁신이 성공할 리 없다. 하지만 대부분 경영 현장에서 즐거움은 배제되고 있다. 수많은 첨단 경영관리 기법을 도입하고 있지만 이런 점에서 보면 어리석기 짝이 없다.

최근 서비스 업종에 근무하는 감성노동자들에 대한 언어폭력이 난무하고 그로 인해 마음을 다치는 직원이 너무도 많다는 사실이 보도되었다. 마음에 상처를 입은 직원은 결코 고객을 만족시킬 수 없을 것이다. 실제로 경영평가 과정에서 보면 높은 고객만족도CSI와 낮은 직원만족도ESI 사이에서 곡예를 부리는 경우도 드물지 않다. 이는 고객만족CS 이론에 맹목적으로 함몰되어 세계적인 기업들의 경영 원칙 제1조인 '직원 존중, 즉 People 1st'를 간과한 결과다. 만족한 직원이 만족한 고객을 만든다는 경영의 기본 원리를 무시하고 여전히 고객은 왕, 직원은 봉으로 생각한 것이다. 경영의 진정한 선순환은 직원-고객-주주로 이어지는 구조에서 가능하다.

궁극적으로 창조란 인간 존중이라는 밭에서만 수확할 수 있는 열매다. 특히 창조경영에서 최고의 경영 전략은 '즐거움樂' 그 자체다. 호기심은 재미를 낳고 재미는 즐거움을 잉태하며 즐거움은 창조로 연결되기 때문이다.

경영이란 탁월함excellence을 달성하기 위해 떠나는 일종의 장거리 여행journey이다. 그리고 고차 경영 방정식의 가장 중요한 독립변수는 리더십이다. 경영이란 리더십을 발휘하여 성과를 내는 종합 게임이기 때문이다. 이와 같은 경영의 목표를 세우고 이를 달성하는 과정에서 반드시 거쳐야 하는 블랙박스가 있는데, 그 블랙박스는 바로 사람이다. 경영이란 것이 결국에는 인간 탐구요, 문화적 연구의 산물이기 때문이다.

요컨대 경영이란 사람의 마음을 움직이는 기술이다. 고故 정주영 회장처럼 진실의 힘으로 직원과 고객, 그리고 주주의 가슴을 두드려야 한다. 기업 체질은 일본식, 학계는 영미식, 관료조직은 한국식으로 이루어진 경영이란 컴퓨터에 호환성이 생겨날 리 없다. 사회적 통풍성의 강화가 무엇보다 중요하며, 조직 우선주의에서 개인의 창의적 사고가 우선되고 다양성이 존중되는 풍토가 조성되어야 한다. 위로는 정치 지도자에서부터 작게는 조직의 팀장에 이르기까지 수많은 감성경영 리더가 등장해야 한다.

이 책 전반에 걸친 기본 생각은 지난날 모진 가난을 딛고 이젠 명실상부한 글로벌 벤치마크로 우뚝 선 대한민국을 실질적으로 운전해나갈 젊은 리더들에게, 미래 창조경제 시대에 걸맞은 새로운 경영 패러다임 시프트가 필요하다는 것에서 출발했다. 새로운 패러다임의 두 가지 축은 바로 '인간 존중'과 '창조적 사고'다. 나는 그 어떤 민족보다 창조성이 뛰어난 한민족의 후예가 조직 사회에 들어서면서 만성적 고질병인 엄숙주의와 획일주의에 오염되어 원래의 공작새가 아닌 펭귄의 모습이 되어가는 것을 수없이 보아왔다. 그리고 나 또한 그런 조직 생활을 오랜 시간 겪은 바 있다.

지난 20년간 나는 중앙부처를 비롯하여 전국 지자체 공무원, 공기업, 준 정부기관, 수많은 민간 기업 현장에서 강의를 해왔는데, 그들로부터 강의 내용을 요약한 책을 써달라는 부탁을 받았다. 대학의 전문 교재는 여러 권 낸 바 있으나 천성이 게으른 탓에 시간을 핑계로 숙제를 해결하지 못한 나로서는 항상 마음의 짐이 되어온 것이 사실이다. 하지만 이번에 이 책을 내면서 숙제의 일부분을 해결한 것 같아 뿌듯하다. 더불어 출판 과정에 높은 전문성으로 힘이 되어준 21세기북스 담당자들에게도 감사의 마음을 전하고 싶다. 특히 열성 독자로서 언제나 옆에서 격려와 지지를 아끼지 않은 사랑하는 아내와 세 아이들에게 이 책을 바치고 싶다.

이 책은 개인의 삶의 자세와 전략적 사고의 본질, 그리고 바람직한 리더상과 조직문화, 나아가 미래 한국 사회 전망에 이르기까지 다양한 경영 현장에서 숙성된 나만의 생각 창고를 풀어낸 것이다. 다양한 조직의 경영 평가 및 진단 작업에 오랜 기간 참여하면서 겪은 생각과, 평소 학생들을 지도하면서 강조했던 것들을 손에 잡히는 경영 이야기로 풀어 전달하고자 했다. 특히 조직 구성원의 입장에서 보다 생생하고 쉽고 재미있게 전달하고자 수없는 교정을 거쳤다. 경영에 관한 한 나의 철학은 쉽고, 단순하며, 재미있어야 한다는 것이다. 따라서 이 책은 결코 어렵지 않다. 더욱이 관련 사례를 풍부히 인용했으며, 촌철살인과도 같은 세계적인 경영 구루들의 고견을 소개하는 데 힘썼다.

이 책은 전문적인 경영평론서라기보다는 국내 모든 임직원의 조직 내 질적 수준 제고를 겨냥한 소프트한 경영서로 보면 무방할 것이다. 그러나 현실에서 직접 활용할 수 있는 테마도 적지 않아 경영학을 전공하지 않은 독자들에게도 쉽고 재미있게 다가갈 것으로 확신한다. 또한 이 책은 중앙일보 포브스지에 지난 5년간 고정 연재해온 '이동규의 감성경영' 칼럼을 바탕으로 하여 주요 일간지, 전문 잡지, 주요 기업(기관) 사보 등에 투고했던 글을 묶어 주제별로 편집한 것이다. 그중에는 일부 정부부처 및 대기업에서 직원용으로 연재되었거나 해외에 영어, 중국어 등으로 번역되어 전파된 것들도 포함되어 있다.

나는 이 책이 독자들에게 보람 있는 인생 전개와 활력 있는 조직 생활에 필수적인 경영 마인드를 갖출 수 있는 인생 경영의 자기계발서 내지 사고 훈련서가 될 것으로 믿는다. 특히 이 책은 가슴 떨리는 미래를 준비해가는 모든 직장인, 그중에서도 인생의 보물찾기에 나선 이들에게 효과적인 팁을 제공하고 보물찾기를 성공시킬 핵심 개념을 다루고 있다. 모쪼록 국내 수많은 조직에서 일하고 있는 사람들이 이 책을 통해 일이란 결국 '힘든 재미'란 사실을 깨닫고, 그 속에서 인생의 꿈과 가치를 키워나가길 바란다.

일원동 서재에서

이동규

CONTENTS

3부 들어야 할 3가지 소리 – 리더십의 비밀

5부 10년 후의 한국

1부

People 1st
- 즐거움을 경영하라

이제 세상은 물질이 중시되는

제조업 전통의 산업사회가 어느덧 막을 내리고

상상과 창조가 중시되는 이른바 '꿈의 사회dream society'로 진입하기 위한

휴먼 르네상스적 전환이 시작되고 있다.

정부가 추구하고 있는 선진화의 핵심 또한

창조성과 다양성, 그리고 즐거움과 재미다.

주식회사 한국의 대표 기업들이 이제야 발상과 사고의 대전환을 통해

엄숙주의라는 질병과 고질적인 획일성의 함정에서 빠져나오고 있다.

비록 늦었지만 다행이 아닐 수 없다.

01

창조경영의 시대
– 창조성을 자극하라

　최근 '창조경영'이 새로운 화두로 등장했다. 현재 한국의 경제 위상이 중국과 일본의 사이에 낀 샌드위치라고 보도된 이후, 새로운 도약을 위한 창조성이 더욱 강조되고 있다. 창조성이란 사실 추상적인 개념이긴 하나 중국과 일본이 못 만드는 것을 만들어내야만 우리의 살길이 생긴다는 엄연한 현실을 생각할 때 그냥 지나칠 일은 결코 아니다.

　'창조creation'란 원래 하나님의 권능이지만 그 피조물인 우리 인간은 하나님이 빚어낸 형상이므로 우리에게도 창조성creativity이 내재되어 있다고 생각된다. 기업 경영에서 창조는 '창의적 생각創意＋실행력行'으로 풀이된다. 지구상 수많은 민족 중에서 가장 창조성이 뛰어난 민족이 바로 한국인이다. 이는 우리만 주장하는 게 아니라 전 세계 각지에서 수많은 사례와 함께 많은 외국인들의 입을 통해 입증된 사실이다.

이러한 경향은 소위 '한류Korean Wave'의 유행과 함께 더욱 확산되고 있다. 지구촌 곳곳에서 한국 문화를 배우자는 열기가 확산되면서 이제는 전 세계에 100개의 세종학당을 지어 한글 등 우리 문화 콘텐츠를 보급할 계획이 발표되기에 이르렀다. 사실 경제 전망은 밝지 않지만, 크게 보면 현재 우리 민족은 단군 이래 최고의 전성기가 아닐 수 없다.

2007년 3월 그리스 아테네에서 열린 세계적 권위를 자랑하는 마리아 칼라스 콩쿠르에서 20대 한국 남성 4인방이 성악 부문을 석권했다는 기사가 보도되었다. '전 국민이 가수'란 말이 나올 정도로 우리 민족이 음악적 기질이 뛰어난 민족임을 감안하더라도, 우람한 서양인의 체격에서 나오는 테너와 바리톤의 힘, 까다로운 라틴어 발음, 서양인 일색의 심사위원들, 게다가 오페라 아리아 같은 서구 고급 문화의 중심이랄 수 있는 분야에서 한국인끼리 결승전을 치렀다니 분명 우리의 귀를 의심케 하기에 충분한 내용이었다.

전 세계에서 유일한 음악 장르인 판소리 경연대회에서 외국인이 1등한 경우를 상상해보라. 하지만 오늘날 여러 국제 콩쿠르에서 한국인이 주요 결선에 등장하는 일은 당연하게 받아들여지고 있다. 현지 전문가들이 분석한 바에 따르면 이 결과는 한국인 특유의 악바리 기질, 엄청난 노력, 빠른 두뇌, 그리고 서양인에 결코 뒤지지 않는 체격 조건을 갖춘 젊은 세대, 이 3박자에 기인한다고 한다.

2011년 10월 벨기에 공영방송 RTBF는 이러한 한국인들의 음악적 성공에 대해 유례가 없는 일이라며 이 불가사의를 캐는 한 시간짜리 TV 프로그램을 내보냈다. 벨기에의 퀸 엘리자베스 콩쿠르는 러시아의 차이코프스키 콩쿠르, 폴란드의 쇼팽 콩쿠르와 함께 세계 3대 콩쿠르로 꼽힌다. 이 방송국의 음악 고문 티에리 로로에 따르면 2009년 퀸 엘리자베스 콩쿠르 1차 예선 진출자 중 한국인이 23.7퍼센트였고 이 가운데 4명이 결선에 올랐다. 2010년엔 1차 진출자의 29퍼센트가 한국인이었고 5명이 결선에 진출했다. 총 12명의 결선 진출자 중 절반에 육박한 것이다.

2년마다 열리는 작곡 부문에선 2011년까지 2회 연속 한국인이 우승했으며, 3년마다 열리는 성악 부문에선 2011년 5월 소프라노 홍혜란이 우승했다. 성악 부문 역대 우승자 가운데 동양인은 처음이었다고 한다. 또한 2011년 7월 러시아 차이코프스키 콩쿠르 남녀 성악 부문에서도 한국인이 각각 1위를 차지한 것은 물론 피아노 부문에서 2, 3위, 바이올린 부문에서 3위에 오르는 등 5명이 한꺼번에 입상했다.

로로가 조사한 결과에 따르면 1995년 이전엔 세계 주요 콩쿠르에서 결선에 진출한 한국인은 극소수였는데, 2009년엔 51명이 결선에 진출했고 이 가운데 8명이 우승했다. 1998년부터 16년 동안 모두 378명이 결선에 진출했고 60명이 1등을 차지하여 다른 나라들을 압도하고 있다. 불과 10여 년 사이에 이뤄진 경이로운 변화였다.

전 세계 모든 언어와 새소리를 발음할 수 있는 유일 언어인 한글의 우수성은 재삼 거론하지 않기로 하자. 미국 LPGA 골프에서 한국 여성들의 파워는 이미 다 알려진 사실이거니와, 여자 피겨스케이팅에서 앳된 김연아 선수가 세계를 제패한 데 이어 남녀 스피드스케이트 부문, 심지어 백인들만의 절대 성역이라고 여겨졌던 수영에서까지 박태환 선수가 세계 정상에 올라서고 있다. 태권도 시합이라면 몰라도 이런 분야들은 서양인들이 만들었고 그들에게 절대적으로 유리한 것들이기에 더욱 놀라운 성과라 할 수 있다.

동양 3국 최고 두뇌들의 전쟁인 바둑에서도 한국의 젊은 프로 기사들은 일찍이 종주국 일본을 몰아내고 한국의 25배가 넘는 인구를 가진 중국의 천재들을 누르고 있다. 오죽하면 중국 관영신문 〈차이나 데일리〉가 이창호 국수를 가리켜 "만리장성은 중국이 아니라 한국에 있다"고 썼겠는가. 아무리 국내 정치가 수준 이하의 행태를 보여도 기업 경영에서의 경제적 성과는 물론 인류 최고 수준의 문화 분야에서부터 서양인 고유의 영역인 스포츠 종목에 이르기까지 놀라운 성과를 토해내고 있으니, 참으로 위대한 한국인이 아닐 수 없다.

한편 우리 민족의 뛰어난 약진은 다른 나라 사람들의 질투를 유발시키는 부정적인 효과를 낳기도 했다. 그 결과 유럽 대부분의 나라에서 한국에 대한 감정은 그다지 좋은 편이 아니다. 영국 중공업의 상징인 글래스고가 엔터테인먼트 도시로 변신하는 진짜 이유가 포철과 현대중공업에 있다는 것은 이미 공공연한 사실이다. 그러나 전 세계인과 인터넷상에서 벌이는 스타크래프트 같은 네트워크 게임을 포함한 e-스포츠 분야에서조차 이른바 고수라 할 수 있는 사람들은 거의가 한국인이다.

그렇다면 이러한 한국인의 창조성은 어디에서 오는 것일까? 혹자는 이를 우생학적 관점에서 해석하기도 한다. 즉, 수많은 외세와의 전쟁을 치른 결과 각종 피가 섞여 우수한 인자가 만들어졌다는 잡종강세설을 주장한다. 줄기세포로 유명한 황우석 교수가 우리 민족은 젓가락으로

콩을 집어 먹는 민족이라고 했던 것처럼, 우리 민족의 우수성은 특유의 세밀한 DNA가 오랜 세월 이어져 오면서 두뇌 수준이 개량된 결과라 보는 이도 있다. 첨단 센서로 이루어지는 독일의 병아리 감별 시스템을 압도하는 한국인의 수작업 감별력을 보면 그럴듯하게도 들리지만 역시 시원한 답을 주진 못한다.

국내 한 저명한 교수의 이야기를 들어보자. 그는 매 학기 초 학생들을 나누어 조를 편성하고 각 조마다 일정한 수의 레고 블록을 나눠준다고 한다. 각 조에서 한 명씩 나오게 한 다음 자신이 정한 모형을 보여주고 이를 만들게 한 후 가장 근사하게 만든 조에게 상을 준다.

그 교수는 이와 같은 커뮤니케이션 경영 게임을 오래전부터 해왔는데, 흥미롭게도 대개 한두 조에서는 자신이 제시한 답과는 전혀 다른 형태의 답을 제출한다고 한다. 이해가 안 되어 해당 학생들에게 물어보자, 그들은 "우리 조가 1등할 가능성이 없다고 판단했고 그렇다면 우리 조가 원하는 형태를 만들자"고 했다는 것이다. 그 교수는 이런 게임을 수많은 나라에서 해보았는데 그 어느 나라에서도 이런 경우는 없었다고 한다.

이 대목에서 스승에 대한 도전이나 명령 위반을 떠올릴 수는 없다. 교수의 지시를 새롭게 해석한 기분 좋은 반란으로 볼 수도 있겠으나 경영학적 관점에서 보면 그야말로 차별화 전략의 진수인 셈이다. 바로 이 것이야말로 한국인만의 유전자적 원형이자, 무역 규모 1억 달러를 달성한 지 불과 반세기도 안 되는 기간에 수천 배 성장이라는 전무후무한 기록을 세운 비밀의 열쇠가 아닐 수 없다.

창조성은 호기심에서 시작되어 상상력을 통해 구체화되며 교육을 통해 길러진다. 문제는 우리의 닫힌 사고와 제도, 이념 등 우리의 창조성을 가로막은 최대의 적은 바로 우리 자신이란 사실이다. 둘러보면 경제, 사회, 문화 각 분야에서 우리의 원천적 창조성을 스스로 옭아매는 어리석음을 수없이 목격할 수 있다. 이걸 보고 다른 나라 사람들은 속으로 역시 하늘은 공평하다고 할지도 모를 일이다.

사실 우리는 수많은 분야에서 '세계 최고'를 너무나 많이 내세우고 있다. 작은 나라의 콤플렉스인지 모르겠으나 '세계 최대'라는 구호도 자주 등장한다. 도전적 자세라는 점에서 긍정적이라고 할 수도 있다. 그러나 최고라는 것도, 최대라는 것도 언젠가는 반드시 바벨탑처럼 무너지는 법이다. 영원히 기록되고 유지되는 것은 바로 '최초最初'이다. 최초의 생각, 최초의 시스템으로 최초의 물건과 서비스를 만들어야 한다. 이것이야말로 우리가 추구해야 할 창조적 지혜의 발현이며 중국, 일본, 러시아, 그리고 미국이라는 강대국들에 둘러싸여 질식사할 수도 있는 좁은 한반도에 조물주가 허락한 창조적 DNA의 본질이 아닐까?

02

생각의 물구나무 서기

1991년 일본 최고의 사과 산지인 아오모리靑森 현에서는 지독한 태풍으로 한 해 사과 농사를 완전히 망쳤다. 결국에는 자살하는 사람까지 나왔는데, 한 과수원 주인의 경우는 남달랐다. 그는 오 헨리O. Henry의 작품 《마지막 잎새》를 연상한 듯, 강한 태풍 속에서도 끝까지 떨어지지 않은 사과들을 모아 '합격사과' 라 이름 붙여 내다팔았다. 이 사과는 전국 수험생들의 절박한 심정과 맞아떨어지면서 보통 사과보다 10배가 넘는 비싼 가격에도 불구하고 불티나게 팔려나갔다. 만일 이 주인이 다른 사람들처럼 눈앞에 벌어진 상황을 비관적으로만 보았더라면 어떻게 되었을까?

영국항공British Airways(BA)은 1995년부터 심각한 적자 탈출을 위한 돌파구를 찾아야 했다. 무엇보다 대부분의 수익이 나오는 비즈니스 클래스를 변화시켜야겠다고 생각하고 개선에 착수했다. 그런데 문제는 비행기 내 비즈니스 좌석을 전혀 줄이지 않으면서도 해당 고객에게 편익을 주어야 한다는 점이었다. 그래서 인간이 상체보다 하체가 작다는 데 착안하여 고객 두 사람이 앞뒤로 마주보는 좌석을 만들자는 발상에 이르렀다. 그 결과 '거꾸로 가는 비즈니스 좌석' 덕분에 비즈니스 클래스 수익이 급증하여 흑자를 달성하게 되었다.

국내 상품 중 매우 강력한 브랜드 로열티를 갖고 있는 노란 바나나우유에 매일유업은 '바나나는 원래 하얗다'라는 광고 카피로 도전장을 들이밀었다. 이 회사는 도저히 불가능하게만 보이던 노란 바나나우유의 아성에 흰색 바나나우유로 맞섰다. 사실 바나나 속이 하얗다는 것은 매우 단순한 사실이나, 바나나는 당연히 노란색이라는 고정관념에서 벗어나지 않고선 불가능한 일이었다.

이러한 것들은 창조적 발상의 전환의 좋은 사례들이다. 그러나 발상을 바꾼다는 것이 언뜻 쉬워 보여도 콜럼버스의 달걀처럼 막상 행하기는 매우 어려운 문제임을 알 수 있다.

한편 여러 나라가 가지고 있는 세계지도 역시 흥미로운 사실을 보여준다. 오스트레일리아는 우리나라 사람들이 보는 세계지도와는 정반대로 오스트레일리아가 위에, 한국은 밑바닥에 그려져 있는 '거꾸로 지도'를 가지고 있다. 우리나라 사람들에겐 우리가 세계의 중심이듯이 이 나라 사람들은 자신들이 세계의 중심이기 때문이다. 이렇듯 입장을 바꾸어 보는 관점의 이동이야말로 발상 전환의 출발점이다.

발상의 전환은 미대 입시의 실기시험에서 보듯이 첫째는 발상과 표현, 둘째는 사고의 전환으로 나누어볼 수 있다. 무엇보다 발상의 전환은 특별한 천재들의 기상천외한 발상을 의미하는 것이 아니다. 이는 기본적 상식의 연장선상에서 기존의 관념과 사고를 재구성해보려는 시도로 이루어진다. 따라서 발상의 전환이란 결국 본질과의 만남이며, 익숙한 것과의 이별이다. 일단은 경험이나 지식이 많이 들어 있어야 발상이 나오는 법이다. 그러나 깨달음이 없으면 사고는 전환되지 않는다. 최근 경영학에서 가장 강조되는 개념 중에 'Learning'이 있다. 그러나 동시에 'Unlearning Process', 즉 배운 것을 다시 버리는 과정, 알았던 것을 역분해하는 과정이 작동해야 비로소 창조적 사고가 쏟아진다. 이러한 과정들은 고정관념에 대한 단호한 거부이자 기존 생각의 물구나무서기다.

현재 국내 1위 그룹인 삼성을 중심으로 불고 있는 '창조경영' 바람의 핵심이 바로 발상의 전환이다. 그 결과 '일벌레'의 대명사였던 삼성전자 직원들은 장기 휴가를 떠났고, 넥타이를 풀고 비즈니스 캐주얼을 입기 시작했다. 회사에는 원하는 시간에 출근해 근무하는 '자율출근제'가 도입되었다. 일찍 출근해 오래 일하기보다는 잘 쉬고 원하는 시간에 출근해 창의성을 높이자는 것이다. 삼성전자는 심지어 사내에 야구장, 피트니스 센터, 동물원 등을 건립한다고 발표하여 모두를 놀라게 했다. 일본식 경영관리로 잔뼈가 굵은 '관리의 삼성'이 이런 일련의 변화를 통해 과연 서구식 '창조의 삼성'으로 변신하는 데 성공할 것이냐에 재계의 이목이 집중되고 있다.

불도저식 기업문화로 알려진 현대건설 또한 최근 새로운 기업문화로서 '감성경영' 체제를 발표한 바 있다. 즐거움과 재미가 있는 신나는 업무 환경 창조뿐 아니라 기존의 '강하고 무뚝뚝한' 직원에서 '창의적이고 긍정적인' 현대맨으로의 새로운 이미지 변신을 도모하기 위함이다. 최근 유수의 기업에서 '일하고 싶은 즐거운 일터 만들기Great Workplace(GWP)' 노력이 번지고 있는 것도 이러한 흐름과 그 맥을 같이하고 있다.

이제 세상은 물질이 중시되는 제조업 전통의 산업 사회가 어느덧 막을 내리고 상상과 창조가 중시되는 이른바 '꿈의 사회dream society'로 진입하기 위한 휴먼 르네상스적 전환이 시작되고 있다. 정부가 추구하고 있는 선진화의 핵심 또한 창조성과 다양성, 그리고 즐거움과 재미다. 주식회사 한국의 대표 기업들이 이제야 발상과 사고의 대전환을 통해 엄숙주의라는 질병과 고질적인 획일성의 함정에서 빠져나오고 있다. 비록 늦었지만 다행이 아닐 수 없다. 정부부처나 공공기관들 또한 이러한 변화에서 예외일 수 없다. 주어진 예산을 잘 집행하고 성실히 업무를 수행하는 것으로 만족할 순 없다. '좋은 것good'은 '위대함great'의 적이라 하지 않았던가.

03

경영을 재미있게 하라

현대 직장인들은 대부분 그 어떤 활동보다 직장에서 일을 하며 보내는 시간이 많지만, 삶의 의미와 보람을 자기의 일에서 찾는 경우는 드물어 보인다. 반복되는 일상의 과제, 따분한 일, 근엄한 상사, 딱딱하기만 한 회의 등 조직에서의 생활은 한마디로 재미있는 것과는 동떨어져 있다. 심지어 어떤 이는 직장에서 재미는 금기 사항이라고 생각하기도 한다. 이제까지 대부분 사람들은 조직의 분위기상 일이 끝난 뒤 회식 자리에나 가야 겨우 재미를 맛볼 수 있다고 생각해왔다. 하지만 과연 그럴까?

흔히 똑똑하다고 하는 부모들도 아이들에게는 "공부할 때 공부하고 놀 때 확실히 놀아라"라고 말하는 광경을 우리는 종종 보곤 한다. 그러면 아이들은 공부와 놀이가 서로 완전히 반대되는 것이라고 인식하게 된다. 그리하여 공부는 어느덧 지겨운 일이 되고 놀이는 언제나 즐거운 일이 된다. 유아반에서 즐기던 수학놀이는 초등학교에 가면 '놀이'라는 글자가 슬그머니 빠져버리고 골치 아픈 수학으로 변신한다.

'공부工夫'를 중국어로 옮기면 '쿵푸'다. 즉, 공부의 핵심은 책을 보는 게 아니라 자신을 수련하는 것이다. 자연과 인생을 배우고 익힘에 있어 가장 중요한 점은 바로 스스로 즐겁게 행하는 것이다. 역시 가장 좋은 공부는 노는 것이다. 화엄경의 불이사상不二思想처럼 공부와 놀이 역시 둘이 아니며 일과 재미도 둘이 아니다.

최근 경영 현장의 화두는 펀 경영Fun Management이다. 펀 경영이란 한마디로 즐겁게 일하자는 뜻이다. 그런데 펀 경영을 두고 무슨 이벤트 개최나 오락 프로그램, 놀이 문화 등으로 오해하는 경우가 있다. 어떤 이는 이를 유머 경영이라고 하는데, 유머는 물론 즐거운 분위기를 조성하는 데 반드시 필요한 요소이지만 펀 경영이 곧 유머 경영은 아니다. 펀 경영은 기업과 구성원, 그리고 고객 모두를 즐겁고 신뢰하게 만들어 조직의 성과와 가치 창출을 극대화시키고자 하는 현대 기업 경영의 기본 철학이자 핵심 전략이라 할 수 있다.

《펀 워크Fun Work》의 저자 레슬리 여키스Lesli Yerkes는 이러한 오해의 가장 근본적인 원인은 일과 재미를 구분하는 시각에 있다고 지적한다. 그에 따르면 산업화 이후 일의 강도가 높아지고 전문성이 강조되자 노동과 재미가 서로 다른 분야로 여겨져 왔는데, 펀 경영은 이 2가지 요소를 다시 합쳐 일 자체에서 즐거움을 느끼게 한다는 것이다.

미국 경제전문지 〈포춘Fortune〉이 매년 선정하는 '일하기 좋은 100대

기업'의 기준이 신뢰, 자부심, 즐거움이라는 사실에서도 알 수 있듯이 이제 재미는 현대 경영의 핵심 키워드가 되고 있다. 전통적인 직업관 역시 변화하고 있다. 특히 G세대로 상징되는 작금의 신세대들은 직장 선택 시 단지 연봉이나 회사의 지명도만 고려하는 것이 아니라, 직장 분위기 역시 중요하게 따진다. 그들에게 직장의 일이란 오락이나 장난 과는 결코 다른 것으로, 한마디로 말하면 '힘든 재미'라고 할 수 있다.

지난 9·11 테러 당시에도 고객이 줄지 않았다고 해서 유명해진 미국 사우스웨스트항공Southwest Airline은 철저한 저가 전략과 탁월한 운항 시스템으로 100퍼센트에 가까운 정시 도착률과 최고의 고객만족도를 실현하고 있다. "우리는 사람을 채용하지, 이력서를 채용하지는 않습 니다"라는 말에서 알 수 있듯이, 이 회사의 인재 발굴과 채용 기준은 단연 '재미'다. 인생에서 즐거움을 모르면 일도 즐길 수 없다는 판단 때문이다.

할리데이비슨 오토바이로 바이킹을 즐기며 때때로 엘비스 프레슬리 복장으로 출근하는 허브 켈러허Herb Kelleher 전 사우스웨스트항공 회장 은 일찍이 "돼지에게 노래를 가르치지 마라"라고 한 바 있다. 남을 배 려하고 봉사하는 것을 즐겁게 여기는 태도는 가르칠 수 있는 것이 아니 라는 의미다. 그래서 이 회사는 인재 채용의 최고 기준을 고객을 만족 시킬 수 있는 자세와 능력을 얼마나 갖고 있는가에 두고 있다.

허브 켈러허는 이러한 직원들에 대한 무한한 신뢰를 보내며 "우리 회사를 아무리 벤치마킹해도 베낄 수 없는 것은 바로 우리 직원들의 자 세다"라고 했다. '해고가 없는 회사'로 대표되는 인간 존중의 경영 철학과 서비스 DNA로 충만한 직원들의 결합은 실로 경이적인 성과로 되돌아오고 있다. 사우스웨스트항공은 1971년 창립 이래 연속 흑자경영, 전체 항공사 시장가치의 80퍼센트 차지, 미국 직장인들이 가장 일하고 싶어 하는 기업 1위, 세계에서 가장 안전한 항공사 1위, 노사분규와 해고가 없는 회사라는 타이틀을 당당히 거머쥐었다.

사우스웨스트항공의 경영 방식은 한마디로 파격이다. 이 비행사는 400대가 넘는 전체 비행기 모두가 보잉 737이다. 보딩패스도 없고 식사도 주지 않는다. 안전 규정을 시로 만들어 낭독하고 산소마스크가 떨어지면 25센트를 내고 마스크를 쓰라는 방송도 한다. 때론 기내 승무원들이 트렁크 속에서 나와 승객들을 깜짝 놀라게 하는 등 일반 회사에서는 찾아보기 힘든 재미를 제공하기도 한다. 심지어는 담배를 피우는 애연가를 위해 기장이 비행기 양 날개 위에 의자를 준비했으니 마음껏 피우시라고 방송을 한다. 이 날개 위에서는 영화도 틀어주는데 제목은 '바람과 함께 사라지다' 이다. 이 즐겁고 유쾌한 서비스는 사실은 비용 절감을 위해 고도로 디자인된 펀 경영 전략의 산물이다.

최근 국내에서도 많은 기업들이 이러한 펀 경영 원리를 적극 도입하여 직장의 분위기를 유쾌하고 즐거운 분위기로 적극 바꿔나가고 있다. 상당수 유수 기업의 CEO들은 기회가 있을 때마다 펀 경영의 중요성을 강조한다. 자율복장 출근, 칭찬하기 운동, 멘토나 후견인 제도, 가족과 함께하는 체험놀이 등을 통해 직원들의 마인드를 밝게 만들고, 일터의 분위기를 자발적이고 창의적인 '재미있는 일터' 로 바꿔나가고 있다.

특히 이런 경향은 감정노동이 중심인 서비스업에서 더욱 현저하다.

삼성에버랜드는 지난 1990년대에 스티브 런딘Stephen Lundin의《펄떡이는 물고기처럼》이란 책에서 동기를 얻어 임직원들에게 '즐겁게 일하면 고객도 늘어난다'는 원리를 깨닫게 했다. 중요한 것은 펀 경영을 통한 직원 만족이 곧바로 고객만족으로 되돌아왔다는 사실이다. 결국 억압적인 성과지상주의의 한계를 뛰어넘어 자발적인 에너지로 업무를 주도하면 보다 큰 성과를 얻을 수 있다는 얘기다.

그동안 우리 사회의 근저를 지배해온 생각의 핵심은 '우리는 어떤 일이든지 할 수 있다'는 의지를 중시하는 캔can 경영이었다. 이제 시대는 감성과 창의성을 중시하는 방향으로 바뀌고 있다. 뭔가를 할 수 있는 능력도 편한 마음과 즐거운 일터에서 비롯된다고 믿는 것이다. 옛 성현들도 "아는 것은 좋아하는 것만 못하고, 좋아하는 것은 즐기는 것만 못하다知之者 不如好之者 好之者 不如樂之者"라 하지 않았던가.

04

이젠 창조적 혁신이다

격동의 한 시대가 막을 내리고 새로운 세상이 펼쳐지고 있다. 2008년 글로벌 금융위기에 이어 유럽발 더블 딥 공포가 가시지 않은 가운데 2011년 10월 정상회담이 성사되었다. 이 회담에서 G20 의장국이자 10대 경제 강국 한국은 중국과 일본을 제치고 한미 FTA를 가장 먼저 체결하게 되면서, 세계 최강 미국과 기존의 군사동맹국에서 글로벌 경제동맹국으로 관계의 차원을 확대하기로 했다. 이처럼 한국의 국제적 위상은 날로 높아지고 있다. 그러나 실제 우리의 국제경쟁력이 처한 현실은 그리 낙관적인 것만은 아니다.

한 국가의 경쟁력에 대해 스위스 국제경영개발원IMD은 '현재 상태에 만족하지 않고 미래 번영을 위해 더 나아가려는 야망'이라고 정의하고 있다. 스위스 제네바에 위치한 비영리 국제기관으로서 국가경쟁력 평가에 권위를 갖고 있는 세계경제포럼WEF은 2008년 한국의 국제 경쟁력지수GCI가 131개 대상국 가운데 11위를 기록했다고 발표한 바 있다. 이는 전년도와 비교하여 무려 12단계나 수직 상승한 것이며, 역대 최고 성적이다. 그러나 그 이후 3년 연속으로 순위가 하락하여 2010년에는 139개국 중 22위로 크게 떨어졌다. 그 주요한 이유는 한국의 금융시장 성숙도 부문과 기업혁신 분야의 경쟁력이 크게 떨어졌기 때문이다.

그럼에도 불구하고 우리나라는 2008년 이래 선진국 모델인 '혁신 주도 경제(1인당 GDP 1만 7000달러 이상)'에 완전 진입한 것으로 평가되고 있다. 드디어 우리가 지난 10여 년에 걸쳐 1만 달러의 늪에서 벗어나 이젠 부자 나라 소리를 듣는 수준에까지 이른 것이다. 참으로 격세지감이 들지 않을 수 없다. 선진국의 꿈은 코스피 지수 2000 시대에 들어서면서 시작되었다. 이제는 미술품 경매시장이 뜨겁게 달아오르고 뮤지컬을 필두로 각종 음악회, 공연 등이 매우 비싼 가격임에도 매진 사례를 기록하는 경우도 심심치 않게 보인다. 더욱이 산속에 있는 골프장이 아니라 부자의 최후 코스라는 해양 요트 구입에 이르기까지 신흥 부자 나라 한국의 빠른 변신은 놀랄 지경이다.

1만 달러 시대의 경영의 핵심이 내부 통제control에 있었다면 3만 달러 시대의 선진국형 핵심 화두는 학습learning이다. 여기서 말하는 '러닝'은 무슨 공부를 열심히 하라는 의미가 아니라 조직의 질적 수준의 자생적 진화, 즉 변화change를 나타내는 말이다. 이를 위해서는 무엇보다 조직 구성원들의 질적 수준 제고와 함께 자율성, 창조성, 상상력 등이 최고로 요구된다. 오늘날까지 국내 경영 현장에서 가장 많이 들어왔던 단어는 바로 '관리管理'라는 일본형 한자였다. 관리란 기본적으로 나쁜 변화를 막는 기능으로서 조직의 생존을 보장해주는 가장 필수적 요소임에 틀림없다. 그러나 경영이란 마차는 관리라는 바퀴 하나로는 조금도 앞으로 나아갈 수 없다. 좋은 변화를 가져오는 혁신이란 또 다른 바퀴가 같이 장착되어야만 비로소 운행이 가능하다. 문제는 이 혁신이란 바퀴의 성능이다.

국내에서도 2000년대 중반부터 전국에서 정부 주도의 혁신 강풍이 불면서 식스시그마Six Sigma를 필두로 다양한 혁신 관리 기법들이 경영 현장에 보급되었다. 특히 BSC 평가 시스템은 무슨 학생 교복처럼 전국 방방곡곡으로 팔려나갔다. 혁신이란 것이 공장의 연탄 찍듯이 되는 게 아닐 텐데도, 한술 더 떠 혁신 매뉴얼이란 것도 등장했다. 우리나라에서만 볼 수 있는 보급형 혁신의 진풍경이다. 사실 기업 경영에서 혁신이란 것은 남이 하라고 해서 하고, 말라고 해서 말 사항이 아니다. 지속적으로 혁신하지 않는 기업은 시장에서 자동적으로 걸러지게 되어 있다. 새롭게 펼쳐질 본격 선진국으로의 진입을 위해서는 지난 혁신 열풍의 부작용과 문제점들을 차분히 되돌아보고, 더욱 진보된 수준의 창조적 혁신 단계로 진입을 도모해야만 할 것이다.

요컨대 관리 기법과 도구 위주의 기능적 프로젝트형 혁신에서 인간의 감성과 창의성을 중시하는 창조적 프로세스형 혁신으로의 전환이 필요하다. 이를 위해 가장 요구되는 것은 결국 기업의 문화적 수준과 향기이며 그 핵심은 바로 창조적 인재다.

선진 기업들은 일찍이 인재의 중요성을 절감하고 창의적 인재 발굴과 관리에 온 정성을 쏟아붓고 있다. 경제의 글로벌화가 진행될수록 경쟁자와의 획기적인 차별화 없이는 누구도 지속 가능성을 보장받을 수 없기 때문이다. 주목할 만한 점은 특정 개인의 천재성에 의존하는 것이 아니라 다양한 외부 네트워크와의 협력을 통한 학습과 창조 과정이 가장 중요하다는 것이다. '집단지성'이라 불리는 네트워크상 학습을 통한 연계 혁신이 현재 지구촌 트렌드다.

사회주의 국가인 중국조차 이러한 흐름에서 예외가 아니다. 중국의 교육체계에서는 5단계로 구별한 학생들 중 E형 인간을 가장 최고로 꼽는다고 한다. 이것은 '3E', 즉 EQ(감성지수), Enjoy(쾌활함, 학습을 즐김), Excellence(탁월함)를 겸비한 부류를 가리킨다. 한편 〈포춘〉이 매년 선정하는 '일하기 좋은 100대 기업'의 순위에서 2007년 1등을 차지한 것은 구글이다. 전통적 강호인 GE, IBM, GM, 포드와 같은 엄숙한 기업들은 상위 랭킹에서 눈을 씻고도 찾아볼 수 없다. 그리고 드디어 2010년에는 세계 최대의 비상장 소프트웨어 업체인 SAS가 1위를 차지한 바 있다. 한마디로 자유롭고 창의적이며 즐겁지 않은 직장은 인재들에게서 멀어지고 있다는 이야기다.

혁신을 통한 한 나라의 미래 성장 가능성을 아인슈타인 공식 $E=mc^2$에 대입해보면 국가경제의 성장 동력 E는 투입 요소 연건이 반영된 경제 규모 m과 변화와 혁신의 속도 c에 의해 결정된다고 볼 수 있다. 그렇게 본다면 경제 규모 11위에 세계 최고로 창조성과 적응력이 뛰어난 우리의 가능성은 실로 무한하다고 하겠다. 비록 전 세계적인 경제위기

의 여진이 계속되고 있지만, 단군 이래 800회가 넘는 외세 침입에 시달
리며 가난하기만 했던 이 땅에 바야흐로 대망의 G7 진입을 위한 서곡
이 울려 퍼지고 있는 것이다.

05

CQ를 높여라

공공기관의 서비스 품질 제고가 화두로 떠오르고 있다. '공공기관의 운영에 관한 법률'이 제정, 본격적으로 시행되면서 공공기관은 그 본래의 사명에 걸맞은 위상 정립과 함께 명실공히 국민을 섬기는 서비스 기관으로 거듭나야 하는 시대적 소명을 떠안았다. 우리나라의 수많은 공공기관은 전기, 가스, 도로, 주택, 연금 등 국민생활과 직결되는 핵심 서비스를 제공하는 기관들로서, 그 예산 규모는 국가 재정 규모와 맞먹으며 국가 GDP의 30퍼센트를 차지하는 매우 중요한 부문이다.

사실 공공기관은 모두 고객만족을 먹고사는 서비스기업이다. 서비스기업의 승패는 바로 서비스 품질로 결판난다. 이때 중요한 점은 서비스의 품질을 결정하는 것은 바로 그 수요자인 고객이라는 사실이다. 세계적인 서비스기업들은 이미 오래전부터 SQI(서비스품질지수)를 비롯한 각종 서비스 평가 시스템을 갖추고 고객서비스 제고에 노력해왔다. 국내에서도 지난 참여정부 시절에 강력히 추진된 정부 혁신의 결과 이제는 상당한 수준에 오른 부처나 기관도 그리 어렵지 않게 볼 수 있다.

정부부처나 공공기관의 진단, 평가 작업에 참여할 때마다 느끼는 점이 있다. 우선 민간부문과 비교해볼 때 크게 3가지가 부족해 보인다. 바로 고객, 원가, 그리고 전략 개념이다. 주는 예산budget을 받아 성실하게 집행하는 것만으로는 현재와 같은 격심한 변화에 적응하면서 까다로운 고객의 욕구를 충족시켜 나가기 어렵다. 무엇보다 민간기업에서와 같이 강력한 비전과 목표를 세워야 한다. 그 목표는 구체적인 것이어야 하며 전 직원이 공감할 수 있는 내용으로 표시되어야 한다. 대부분 비전, 전략, 목표가 수립되어 있다고는 하나 실제로는 그럴듯한 추상적인 용어의 나열에 머물고 있는 경우도 흔하다. 그러나 정작 중요한 문제는 그 속에 따로 숨어 있다.

얼마 전 모 공공기관의 대표자분과 이야기를 나눈 적이 있다. 고민을 물어보자 그는 대뜸 "우리 직원들은 말을 안 한다"고 했다. 직접 현장도 방문하고 식사도 같이 하면서 분위기를 유도해도 대개 열심히 하고 있다는 등의 정답만 이야기한다는 것이다. 이러한 분위기는 다른 조직에도 매우 광범위하게 퍼져 있다. 회의나 워크숍 등 다양한 제도를 동원해도 그들의 입을 열기에는 한계가 있는 듯하다. 그렇다면 그들은 왜 이야기를 안 하려 하는가? 그것은 능력이 없어서도, 말주변이 없어서도 아니다. 그것은 말하면 안 된다는 인식과 함께 잘못하면 나만 다친다는 생각이 팽배해 있기 때문이다. 퇴근 후 대폿집에서 벌어지는 그들의 대화를 들어보면 회의 시간의 엄숙했던 모습은 사라지고 모두가 웅변가로 변해 있다. 도대체 무엇이 문제인가?

개인과 마찬가지로 조직도 그 자신만의 DNA가 있다. 그것은 결국 그 조직만의 독특한 양태로 드러나게 되는데 이것을 우리는 '기업문화corporate culture'라 한다. 기업문화는 크게 4가지 유형으로 나뉜다. 첫째, 애플로 대표되는 양성 문화다. 둘째는 경쟁 문화다. 마이크로소프트와 인텔이 여기에 해당된다. 셋째는 통제 문화다. GE와 모토로라가 여기에 해당된다. 마지막으로는 휴렛팩커드에서 볼 수 있는 협력 문화다. 이런 유형 분류는 어느 것이 더 나은가 하는 문제가 아니다. 각각의 기업문화 유형은 그 기업이 속한 업종, 경쟁 구도 등에 기인하여 숙성된 결과이기도 하지만, 사실은 그 기업의 커뮤니케이션 수준을 반영한 결과라 볼 수 있다.

학습조직의 중요성이 강조되는 현재 조직의 IQ를 높이는 것은 매우 중요한 과제다. 하지만 엄청난 변화의 시대에 진정한 경쟁력의 원천은 역시 종업원의 저력을 극대화하는 길에 있다. 그 비결은 이른바 '의사소통지수', 즉 CQ를 높이는 데 있다. 이는 CRM(고객관계관리), ERP(전사적 자원관리), BSC(균형성과평가제도) 등 각종 첨단 경영관리 기법으로 무장한다고 되는 일이 아니다. 조직의 주인은 사람이지, 시스템이 아니다. 문화적 접근이 아닌 그러한 시스템적 강화는 오히려 시스템의 노예를 만들어 조직 내 커뮤니케이션 수준을 더욱 저하시키기도 한다. 첨단 미사일이 속속 도입되고 있는 군부대 내에 의사소통이 잘 안 되는 것을 상상해보라.

일찍이 피터 드러커Peter Drucker 교수는 "경영의 목적은 사람들의 능력을 발휘하게 하는 데 있다"고 갈파했다. 조직 내에서 이루어지는 일의 약 80퍼센트는 사람과 사람 간에 벌어지는 소통, 즉 커뮤니케이션의 문제라 한다. 커뮤니케이션이란 결국 마음과 마음을 이어주는 것이다. 딱딱한 회의 분위기와 굳은 표정으로 마음을 열 수 있겠는가. 상하 간, 동료 간, 부서 간의 3박자 커뮤니케이션 활성화를 위해선 각종 커뮤니케이션 채널을 다양화하고 그 수준을 제고하는 동시에 직원의 동기부여와 보상을 강화해야 한다. 무엇보다 '인간 존중people respect' 이라는 강력한 철학을 세우고, 그 안에서 개인의 다양성을 인정하고 어떤 말을 해도 일단 경청하는 문화가 뿌리내려야 한다. 상대방을 배려하고 경청하는 문화는 우리가 상상하는 것 이상의 파워를 갖는다. 최근 국내에서 가장 주목을 끌고 있는 감성경영, 펀 경영 등의 확산은 바로 이러한 조직의 CQ 올리기를 겨냥한 것이다.

하나같이 똑같은 형태로 구워낸 벽돌로 이루어진 조직에서 발상의 전환과 창조성을 기대하기란 불가능하다. 더욱이 일사불란을 강조하는 군대 같은 조직문화로는 거세게 밀려드는 글로벌 전쟁을 치를 수 없다. 사실 우리 사회 속엔 은연중 자신과 다른 행동 양식에 대한 근본적 배타심이 숨어 있다. 아무리 수출을 많이 해도 우리 스스로가 선진국 되기는 멀었다고 자조하는 이유는 바로 우리 사회 안에 똬리를 틀고 있는 '다름' 에 대한 거부감과 '다양성' 에 대한 몰이해 때문이다. '다르다' 와 '틀리다' 는 다른 것이며, 이 세상에서 다양한 것만큼 강한 건 없다. 우리가 바라는 선진화의 핵심이 바로 이것이다.

나와 다름을 인정하지 못하는 곳에서 즐거움이 자랄 수 없고, 즐거움이 사라진 곳에서 창조는커녕 생산성도 오를 리 없다. 국내 대부분의 조직에서 자주 들리는 "중이 절이 싫으면 떠나라" 또는 "모난 돌이 정 맞는다"라는 말들은 다양성의 싹을 밑동부터 자르는 일종의 폭력이다. 이젠 엄숙한 상사, 지겨운 회의, 단조로운 일상 업무 등 '고통의 우상숭배'라고까지 불리는 한국인만의 고질병에서 빠져나와야 한다. 결국 조직원을 존중하고 마음으로 인정할 때 즐거운 직장이 이루어지며, 즐거운 마음이 들어야 머리도 돌고 창의성도 나오는 법이다.

우리에게 침묵은 더 이상 금이 아니다. 소통이야말로 서로 닫혀 있던 무한대의 가능성을 여는 비밀의 열쇠다. 따라서 조직의 CQ를 높이는 일은 그 어떤 혁신보다 중요한 테마가 아닐 수 없다. 일전에 미국 실리콘밸리에 있는 세계 굴지의 전자업체인 휴렛팩커드를 방문한 적이 있다. 기나긴 공장 복도에 유일하게 쓰여 있던 문구는 바로 'Communication! Communication! Communication!'이었다.

이제 바야흐로 상상력과 창조성이 세계를 지배하는 시대가 오고 있다. 이 세상에서 가장 창조성이 뛰어난 우리 민족에겐 커다란 기회가 아닐 수 없다. 다른 사람도 아닌 우리 스스로가 그러한 기회를 막아서야 어디 될 말인가?

06

핵심 인재는 없다,
인재가 핵심이다

과감한 외과수술로 고질적인 영국병을 치료했다고 해서 세계적 명성을 얻은 대처 전 수상은 각료들에게 'Design or Resign'을 주문했다. 한마디로 아이디어가 없으면 자리를 떠나라는 이야기다. 지금 정부도 집권 초기에 '작은 정부'란 화두 아래 대처식 처방을 진행했다.

사실 '조직organization'이란 단어가 등장한 것은 그리 오래된 일이 아니다. 원래 19세기 말 프러시아 군대에서 쓰기 시작한 이래 현대 경영학에 접목되면서 인사조직 분야는 가장 중요한 경영 분야로 여겨지고 있다. 조직이 바뀌면 누구나 불안해한다. 바뀌는 내용이 내게 유리한지 불리한지를 놓고 각종 소문이 무성하게 피어난다. 뚜껑을 열면 반드시 희비가 교차하기 마련이다.

아이가 자라면 옷이나 신발 사이즈가 계속 바뀌고 쓰던 책상, 의자,

공부방도 바뀐다. 조직도 마찬가지다. 고객과 시장의 변화에 따라 조직의 구조와 내용도 변해야 한다. 사실 조직 개편에 정답은 없으며 누구나 만족해하는 조직도 없다. 문제는 그 조직의 서비스를 받는 고객의 입장에서 평가해야 한다는 점이다. CVC_{Continuous Value Creation}(지속적 가치 창출)로 요약되는 현대 기업 경영의 목표에서 보듯이 새로운 가치 창출이야말로 핵심인 것이다.

결국 조직 개편에 있어 핵심은 사람의 경쟁력으로 귀착된다. 이와 관련하여 기업문화 분야의 세계적 석학인 짐 콜린스_{Jim Collins}는 그의 명저 《좋은 기업을 넘어 위대한 기업으로》에서 "버스가 어디로 갈지를 정하는 것보다 좋은 사람을 태우는 게 더 중요하다"고 갈파한 바 있다. 조직의 성공을 위해 중요한 것은 조직 개편안의 정교한 디자인이나 부서 명칭이 아니다. 결국은 기업의 문화적 수준이 중요하며, 이는 바로 인재 경영에 있다.

인물상 하면 우리나라 사람들이 늙어 죽을 때까지 인용하는 《삼국지_{三國志}》의 유비, 관우, 장비 그리고 제갈공명이 있다. 우리나라 사람들은 일반적으로 《삼국지》보다는 《삼국지연의_{三國志演義}》에 익숙하여 유비를 인자한 리더의 대명사로, 조조를 교활하고 잔악한 인물의 상징으로 여겨왔다. 그러나 경영학적 시각에서 냉정하게 평가하자면 유비는 결국 경영에 실패한 CEO일 뿐이며 오나라 손권은 경영 후계 계승에 실패한 CEO다. 그리고 조조는 그 위치에 비해 너무나 박한 평가를 받아왔다. 삼국을 평정한 진정한 승리자인 조조는 사실 성공한 CEO임에 틀림없다. 중국의 대문호 노신은 조조에 대해 "조조는 새로운 시대를 열었으며 뒤에 올 시대를 개척한, 중국 역사에서 몇 번째로 꼽을 수 있는 영걸이다"라고 평가했다. 사람의 마음을 끄는 신비로운 능력을 갖춘 유비에 맞서 조조가 승리할 수 있었던 비결은 무엇일까?

조조는 천하의 인재를 모으기 위한 구언령求言令을 선포하며 "도덕적이진 않으나 재능만 있다면 관리로 등용하겠다"고 했다. 그 먼 옛날에 이미 능력에 기초한 성과주의 인사 원칙을 시행한 것이다. 조조는 이 기준을 근거로 인재를 기용하고 적재적소에 배치했으며 그들을 최대한 아끼고 배려하여 성과를 이끌어냈다. 또한 모든 공로를 항상 실무자에게 돌렸으며 인간경영에도 탁월했다고 한다. 심지어 사위를 선택할 때도, 이 기준은 달라지지 않았다. 조조는 수많은 왕손과 제후들의 청혼을 거절하고, 학식도 높고 재능도 많으나 외모가 추하고 한쪽 눈이 멀었다는 이유 때문에 배척당했던 정의丁儀라는 젊은이를 선택했다. 이 소식을 들은 아들 조비가 말렸지만 조조는 "학문이 깊고 재능이 있는 이상 외모를 따질 필요는 없다. 이 세상에 완전무결한 사람은 없는 법이다"라며 오히려 아들을 설득했다고 한다. 그 결과 그의 주위에는 수많은 인재들이 모여들었다. 그리고 순욱, 순유, 곽가 등 당대의 뛰어난 인물들이 조조의 '싱크탱크Think Tank'를 형성하여 조직의 성공을 이끌어냈다.

정부의 각료 인선 때마다 사람이 없다는 탄식이 흘러나오고 있다. 데이비드 라이백David Ryback은 《설득의 리더십》에서 "진정한 리더십은 새로운 인재를 찾는 데 있지 않고 새로운 눈으로 사람을 보는 데 있다"고 했다. 핵심 인재는 없다. 인재가 핵심일 뿐이다.

07

기술이 아니라
사람이다

원래 일본이란 나라는 현장 기술에 뛰어난 특성을 보여왔다. '이理보다 공工, 공보다 술術' 이란 말은 이러한 일본 기업의 특성을 잘 드러낸다. 일본 기업은 서구에서 새로운 개념이 만들어지면 이를 응용하여 전혀 다른 물건으로 개량해내는 부분에서 독보적인 위상을 차지해왔다. 방송용 카메라를 가정용 캠코더로 만들어낸 것이나, 군용 위성 안테나의 소재였던 형상기억합금SMA을 여성용 브래지어에 적용하여 히트를 친 것도 일본 기업이었다. 따라서 일본은 세계에서 가장 많은 엔지니어를 보유한 엔지니어링 강국이 되었다.

반면 미국은 상대적으로 기초과학의 중요성을 강조하는 전통을 보여왔다. 당연히 지난 하드웨어 중심의 공업화 시대의 승자는 일본이었다. 그러나 창의성이 중시되는 소프트웨어 정보화 시대에 이르러 운명이 뒤바뀌었다. 전 세계적 주목을 끈 애플의 아이패드 출시와 도요타 리콜 사태는 이러한 차이를 극명하게 보여주는 사건이다.

최근 우리의 대표 기업 삼성전자의 스마트폰이, 그것도 IT 강국으로 자부하던 한국에서 아이폰에 밀려 고전하고 있다. 이것은 성능의 차이가 아니라 생각의 차이에서 비롯된 것이다. 1998년 세계 최초로 한국이 만든 MP3가 후발 주자였던 애플의 아이팟에 밀려난 이유를 보아도 알 수 있다. 국내 기업들이 MP3에 필요한 음원을 PC로 다운받는 일정한 전문성을 필요로 하는 기술에 매달리는 동안, 스티브 잡스는 비록 컴맹이라도 알아서 처리해주는 소프트웨어 개발에 사활을 걸었다. 따라서 우리 제품이 음질, 화질, 화면 크기 등 성능은 뛰어났지만 시장의 소비자들에게는 점차 먹혀들지 않았던 것이다. 요컨대 기술의 세계에 몰입한 경쟁구조에 함몰되어 정작 중요한 고객과 시장을 등한시한 결과다. 축구에서 '공을 놓쳐도 사람을 놓쳐선 안 된다'고 하는 것은 바로 이를 두고 하는 말이다.

미국에서 오래 살다 온 어느 학생에게 한국과 미국의 차이를 묻자, 미국은 길을 내고 집을 짓는데 우리는 집을 짓고 난 후 길을 낸다고 말했다. 이러한 차이는 제품개발에도 그대로 이어져 한국은 고급 휴대전화를 만들고 나서 이를 이용하는 애플리케이션은 다음에 만들어낸다는 것이다. 오늘날 애플이 보유한 아이튠즈iTunes와 앱스터Appster는 전 세계 젊은이들의 거대한 소프트웨어 놀이마당이다. 국산 제품이 성능이나 디자인이 탁월함에도 불구하고 아이폰의 적수가 되지 못한 결정적인 이유다.

일본 산업계가 직면한 침체의 한 원인으로 언급되고 있는 '갈라파고스 증후군'도 같은 맥락에서 이해할 수 있다. 소니는 두께 9.9밀리미터의 최첨단 LED TV를 내놨지만 비용, 소비자 편의성 등 고객 측면에서 접근한 삼성전자 제품에 시장을 빼앗겼다. 더욱이 기술력을 중시하는 경향 때문에 개발 비용이 높아져 판매 가격은 계속 올라갔으나, 경기침체에 저가 제품을 선호하는 국제적 소비 트렌드에 역행한 결과 제품의 경쟁력이 떨어진 것이다.

1937년 창사 이래 최대 위기를 맞은 바 있는 도요타 리콜 사태도 그 본질로 들어가 보면 기술의 문제가 아닌 매니지먼트의 문제임을 알 수 있다. TQC의 종주국임을 자부해온 일본의 품질 유지와 비용절감의 밸런스는 이미 깨져버렸다. 더욱이 130조 원에 달하는 공룡 기업의 내부 통풍성이 원활할 리 없다. 이번에도 3년 전부터 미국 소비자들이 제기해온 불만을 번번이 무시한 것으로 드러났다. 'No'라고 말할 수 없는, 소위 대기업병의 전형이라고도 볼 수 있다.

인간을 생각하지 않는 기술력은 성공할 수 없으며, 고객을 망각하거나 무시하는 기업은 존재할 수 없다는 진리 앞에 다시 한 번 겸손해져야 함을 느끼게 해준 사례다. 이 세상에 완벽한 제품은 없다. 어차피 사람이 하는 일이기 때문이다. 결국 품질은 사람의 품질이 가장 중요하며, 최고의 하이테크는 쉽고 편리하고 재미있는 것이다.

08

만족한 직원이
만족한 고객을 만든다

'잘되는 집은 가지나무에도 수박이 열린다'는 말이 있다. 마찬가지로 잘되는 기업은 무언가 다른 점이 있다. 세련된 용어로 리더십·전략·시스템 등을 거론하지만, 그것보다도 더 근본적인 이유가 있다. 기업의 성공은 바로 '인간 존중'이라는 최고의 기업 경영 원리에 기인한다. 여기서 그 출발점은 바로 '피플 퍼스트People First', 즉 직원 존중에 있다. 세계 유수의 기업은 예외 없이 이 원칙을 경영의 제1조 제1항으로 삼고 있다.

맥도날드의 창업자 레이 크록Ray Kroc의 경영 이념 역시 '인간 존중'이다. 전 세계 120여 개국에서 3만 개가 넘는 매장을 운영하고 있는 거대 기업 맥도날드의 성공은 바로 이런 원칙의 토대 위에서 가능했다고 평가된다. 맥도날드의 직원들은 그들의 회사를 '사람들이 만드는 햄버

거회사가 아니라 햄버거를 만드는 사람들의 회사'라고 부른다. 서비스 부문에서 미국의 '말콤볼드리지 국가품질상MBNQA'을 유일하게 2번이나 수상한 적이 있는 리츠칼튼호텔은 경영 원칙을 집대성한 핵심 가치로 서비스의 '황금 표준Gold Standards'을 운영하고 있다. 황금 표준에 포함돼 있는 '우리는 신사 숙녀를 모시는 신사 숙녀다'라는 말은 종업원들의 자긍심을 높여주는 대표적 사례다.

오늘날 기업들은 디지털화 · 글로벌화로 상징되는 엄청난 변화의 격랑을 맞고 있다. 날로 다양해지는 제품과 서비스, 까다로운 고객, 강력한 경쟁자, 복잡한 기술 등 수많은 난제 속에서 경영의 정답은 없으나 변치 않는 원리는 있다. 그것은 무엇보다 만족한 직원people이 만족한 고객customer을 만들고, 만족한 고객이 만족한 주주stockholder를 만든다는 사실이다.

우리는 종종 식당 같은 곳에서 불친절하거나 문제가 있는 종업원을 발견하게 된다. 대개는 그 종업원의 심성이나 태도를 탓하게 되는데, 사실 그 종업원의 그러한 태도는 바로 자신의 불만족에서 기인한다. 문제의 근원은 경영자에게 있다. 종업원이 대우받지 못하거나 업무량 등을 감당할 수 없을 때, 그 종업원의 불만은 바로 손님에게 연결된다. 열받은 직원이 만족한 고객을 만들 수는 없기 때문이다.

혁신을 엄청 강조해온 우리의 정부부처나 공공기관에서도 이런 모습이 자주 발견된다. 각종 평가제도 등의 도입으로 고객만족도CSI 수준은 올라가는데 오히려 직원만족도ESI 수준은 반비례하는 기이한 현상이 그것이다. 이러한 행태는 결코 오래갈 수 없다. 고객이 왕이면 직원도 왕이다. 고객만족을 그토록 강조해온 우리나라에서 그 근간이 되는 직원 만족을 소홀히 해온 결과 종국에는 두 마리 토끼를 다 놓치는 경우를 발견하는 것은 그리 어려운 일이 아니다. 여기서 직원 만족 하면 대개 물질적인 보상을 떠올리는데, 사실 물질적인 것이 차지하는 비율은 10퍼센트 정도에 불과하다. 가장 중요한 것은 인정recognition이다. 신뢰와 자부심에 기초한 인정받고 있다는 느낌이 가장 중요하다. 자존심이 유달리 강한 한국인의 경우는 말할 것도 없다.

이와 관련하여 현존하는 최고의 경영학자로 꼽히는 게리 하멜Gary Hamel 교수는 창조적 인재경영의 조건으로 직원은 자유로워야 한다고 주장했다. 산업화가 몰고 온 지난 100년간의 부작용으로 인해 조직은 관료화되고, 직원들은 고객과 격리되고 제품과의 정서적 교감을 잃은 채 공정상 부품으로 전락했다는 것이다.

기업 경쟁력의 바로미터는 결국 직원의 경쟁력에 달려 있다. 한국 출판계의 베스트셀러 제조기로 알려진 김영사 박은주 사장은 이렇게 말했다. "저는 신입사원이 들어오면 손님으로 살지 말고 주인으로 살라고 강조합니다. 손님은 대접받고 싶어 하지만 주인은 대접하는 사람이기 때문이죠." 직원들의 자사 제품이나 서비스에 대한 태도는 경영 현장에서 사업의 성공을 좌우하기도 한다. 직원들이 의구심을 갖거나 회의적인 태도를 보이는 제품과 서비스는 실패한다. 여기서 '종업원은 최초의 시장이다People is the first market'란 경영 교훈을 얻을 수 있다.

경영이란 결국 사람과 시스템의 함수다. 일반적으로 회사를 뜻하는 'Company'란 단어를 보면 'Com(함께)＋Pan(빵)'을 의미한다. 결국 기업이란 경영자와 사원이 합심 단결해서 어려움을 헤쳐나가며 부가가치를 창출하고 그 결과를 함께 나누는 조직이라 할 수 있다. 경영의 핵심이 결국 사람을 다루는 것이라면 사람의 마음을 움직이는 것이야말로 가장 중요한 핵심 기술이 아니겠는가.

09

내 회사와 결혼하기
– GWP의 비밀

직장인의 속언 중에 '경영자는 직원이 관두지 않을 만큼만 임금을 주고 직원은 쫓겨나지 않을 만큼만 일한다'는 말이 있다. 또한 우리나라 직장인들이 자주 걸리는 유행병이 바로 '상사병上司病'이다. 한 설문 조사에서 출근하고 싶지 않다고 답한 사람들에게 그 이유를 구체적으로 물어본 결과, 대부분이 회사 자체가 싫은 것은 아니고 사실은 직속 상사 때문이라고 대답했다. 이런 상태에서 경영의 생산성이니, 전략의 효율성이니 하는 말들은 공허할 뿐이다.

프랭클린대학의 찰스 다이저트Charles Dygert 교수에 따르면 "부정적 기업문화를 긍정적인 문화로 바꾸는 데는 몇 년이라는 시간이 걸리는 반면 직원들의 사기와 생산성을 떨어뜨리는 데는 5분도 채 안 걸린다. 더욱이 고객만족이 아니라 상사 만족을 중시하는 문화가 정착하는 데는

100만 분의 1초면 된다"고 한다. 실제로 통계를 내보니 지난 40년간 한국의 소득은 200배 이상 증가했으나, 국민의 행복지수는 1995년에 88퍼센트이던 것이 10년 후인 2005년에는 74퍼센트로 오히려 14퍼센트나 감소했다고 한다.

이와 관련하여 경영 현장에서 그 의미가 제대로 정착되지 않은 말 중에 대표적인 것이 바로 구멍가게조차 알고 있는 '고객만족cs'이란 말이다. 사실 이 말이 '고객이 왕'이란 사상을 국내에 정착시키는 커다란 공헌을 한 것도 사실이다. 분명 예전보다 고객들은 확실히 지위가 격상되었다. 문제는 직원들 사이에서, 특히 서비스 현장에서 감성노동을 제공하는 직원들 사이에서 나타나고 있다.

〈포춘〉에서 매년 선정하는 '일하기 좋은 100대 기업' 발표 시작 후 8년간 한 번도 빠진 적 없으며 2005년 1위, 2007년 3위를 차지한 웨그먼스Wegmans 슈퍼마켓을 보자. 70여 개에 달하는 체인점에 3만여 명의 종업원을 보유한 이 회사 본사에 들어가면 가장 먼저 눈에 띄는 것이 '직원이 먼저, 고객은 다음Employees First, Customers Second'이라는 글귀다. 고객이 왕이란 말에만 길들여져 온 우리의 눈은 휘둥그레 커질 수밖에 없지만 사실 이것이야말로 진정한 CS 경영의 핵심이다. 한마디로 '만족한 직원이 만족한 고객을 만든다'는 경영 원리이기 때문이다.

"나는 직원들이 충만하지 않은 채 고객을 만족시켜 성공한 기업을 본 적이 없다"라는 톰 피터스Tom Peters의 말은 이러한 진리를 증명하고 있다. 사우스웨스트항공, 택배회사로 유명한 UPS, 테이크아웃 커피로 유명한 스타벅스, 전설적인 건축회사 사우스마운틴, '먼저 쉬고 싫증

나면 일하라'는 모토를 가진 일본 미라이공업 등 그러한 사례는 셀 수 없이 많다. 이러한 깨달음은 이제 국내 유수 기업에도 상당히 전파되고 있다.

〈포춘〉이 최고의 직장을 선정하는 기초 기준은 일찍이 로버트 레버링Robert Levering이 연구하여 만든 'GWPGreat Work Place' 개념이다. 그는 일할 맛 나는 직장은 결국 상하 간, 동료 간 '관계의 질quality of relationship'이 높은 데 주목했다. 그리고 가장 핵심이 되는 3요소를 신뢰trust, 자부심pride, 즐거움enjoy으로 요약했다. 이에 따라 〈포춘〉 100대 기업의 공통점은 바로 신뢰와 존중에 대한 자신감으로 요약된다. 이 3가지 요소 중 대부분 국내 기업들이 낙제점을 맞는 과목이 바로 즐거움이다.

2007년 〈포춘〉이 선정한 '일하기 좋은 100대 기업'의 순위에서 1등을 차지한 것은 구글이다. 원래 이 세상 모든 것을 담아내겠다는 야심에서 10의 100제곱을 뜻하는 수학 용어 'googol'을 기업명으로 사용한 구글은 놀이터와 같은 편안함과 즐거움으로 성공을 이뤄냈다. 미국 경영대학원 졸업생들의 입사 선호도 1위 기업도 바로 구글이다. 실제로 경쟁자인 야후(44위)나 마이크로소프트(50위)에 비해 월등한 수준의 격차를 보이고 있다.

애완견을 데리고 출근하고, 회사에서 수영이나 사우나를 즐기며 각종 요리를 공짜로 마음껏 먹을 수 있는 환경을 제공하는 구글의 기업문화는 인간의 잠재 능력과 창의성을 극대화하는 매우 독창적인 매력이 있다. '구글러Googler'를 자청하는 구글 직원들은 출퇴근 시간이나 골치 아픈 규정 대신 자신의 장기를 최대한 발휘케 하는 시스템에 너무나 만족하고 있다. 80퍼센트는 업무에, 20퍼센트는 자신이 관심 있는 분야에 시간을 쓰라는 창업자 세르게이 브린Sergey Brin의 철학적 본질 또한 창의성이다.

이어 발표된 2008년도 최고의 직장으로는 실리콘밸리에 본사를 둔 컴퓨터 저장 및 데이터관리 솔루션 업체인 넷앱Netapp이 선정되었다. 넷앱은 '1달러를 아끼기 위해 직원들이 녹초가 되도록 일할 필요는 없다. 상식을 활용하라' 는 모토를 내세우고 있다. 또한 2010년 드디어 1위로 뽑힌 세계적인 기업용 솔루션 업체인 새스SAS는 직원을 왕처럼 대하는 것을 경영 철학으로 삼고 있는데, 구글의 기업문화도 사실은 새스를 벤치마킹한 것으로 알려져 있다. 현재 GWP는 LG석유화학을 비롯하여 국내 기업에 상당 부분 도입, 적용되고 있다. 그 외에 WLBWork with Life Balance, WOWWonderful Our Workplace 같은 접근도 기본적으로는 그 맥락을 같이하고 있다.

무엇보다 내부 직원의 마음이 뛰어야 근무 의욕이 샘솟고, 창의적인 생각도 일어나며, 생산성도 오르는 법이다. 이와 관련하여 미국의 조직 창의성 분야 전문가인 앤 커밍스와 그레그 올드햄은 창의적 인재가 갖추어야 할 조건으로서 공감compassion, 상상력conception, 논쟁controversy, 몰입commitment의 4C를 제시한 바 있다. '즐거운 일터' 야말로 이러한 4C를 잉태하고 길러내는 비옥한 텃밭이 아닐 수 없다.

일터의 분위기를 자발적이고 창의적인 '재미있는 일터' 로 바꾸기 위해 가장 중요한 역할은 결국 CEO의 몫이다. 영화 〈대부〉로 유명한 말론 브란도는 "배우가 대중에게 해주어야 할 유일한 역할은 그들을 지루하지 않게 만드는 것이다"라고 했다. 이제는 CEO란 말조차 'Chief Entertainment Officer'로 바꾸어 부르고 있다. 직원과 고객을 즐겁게 하지 못하는 사람은 CEO가 될 수 없다는 의미다.

10

People 1st

미국 하면 떠오르는 회사는 바로 GM이다. 미국의 경영 방식은 GM 방식이라고 할 정도로 GM은 1년 R&D 규모가 우리나라 전체보다 더 큰 거대 기업이다. 그런데 바로 이러한 자동차제조업의 황제 자리를 도요타에 내주고 말았다. 도요타이즘Toyotaism으로 불리는 일본식 경영의 핵심이 '개선改善, Kaizen' 이라면 포디즘Fordism으로 불리는 미국식 경영의 진수는 '혁신革新, innovation' 이다. 그러나 앞으로 다가올 엄청난 글로벌 경쟁의 파도 앞에서는 '창조' 가 대세일 것이다.

요컨대 세계 어디에서도 못 만드는 제품이나 서비스를 만들어내지 못하면 선진국이 되기란 어렵다. 삼성 이건희 회장의 '샌드위치' 발언 이후 사회 각 부문에서는 창조성이 강조되고 있다. 선진화를 향한 신발전 체제의 구축을 내걸고 출범한 이명박 정부의 양대 구호 또한 창조와 실용이다. 여기서 창조란 발상의 전환이며, 실용은 현장 중시의 실천주의를 의미한다.

평생 배운 지식의 양이 CD-ROM 한 장에도 못 미치는 현실에서 메모리 용량으로 성능을 따지는 컴퓨터와 달리 인간에게 가장 필요한 것은 바로 창조적 사고다. 창조성은 상상력을 통해 구체화되며 상상력은 교육과 훈련을 통해 길러진다. 세계적 서비스기업인 디즈니에는 오래전부터 '이매지니어imagineer'라 불리는 전문가들이 있다. 이들은 인간의 다양한 상상력imagination을 공학engineering으로 연결시키는 사람들로서, 한마디로 꿈을 현실로 만드는 사람들이라 할 수 있다. 가장 엄숙한 기업 중 하나로 분류되고 있는 GE조차 제프리 이멜트Jeffrey Immelt 회장 취임 이후 'Imagination@work'라는 슬로건 하에 창조적 상상 경영의 수준으로 도약하고 있다.

여기서 중요한 것은 창조의 동의어가 재미라는 사실이다. 디즈니의 창업주인 월트 디즈니는 일찍이 "불가능한 것을 해낼 수 있는 유일한 길은 재미다"라고 했다. '창創'이란 글자를 파자해보면 자신의 창고倉에 있는 것을 칼刀로 썰어낸다는 뜻이 된다. 결국 마음이 즐겁게 동하지 않으면 자신의 가장 소중한 것을 내놓을 사람은 없다는 의미이기도 하다. 의욕적으로 추진한 각종 혁신 프로그램이 좌초한 대부분의 원인이 바로 그 내용의 적합성을 떠나 조직원의 피로도 증가와 그에 따른 지겨운 혁신으로 전락한 데 있음은 주지의 사실이다. 정부나 공공부문, 민간부문을 막론하고 국내 대부분의 경영 현장에서 재미는 가출해버린 지 오래다.

이러한 문제를 초래한 근본적인 원인은 일과 재미를 구분하는 잘못된 시각에 있다. 조직문화 전문가들에 따르면 산업화 이후 일의 강도가 높아지고 전문성이 강조되자 노동과 재미가 서로 다른 분야로 여겨져왔는데, 강제로 헤어진 이 두 요소를 재혼시켜 다시 일 자체에서 즐거움을 느끼게 하는 것이 중요해졌다고 한다. 여기서 해결의 실마리는 인간 존중, 그중에서도 출발점은 직원 존중에 있다.

물류 부문의 세계적 거인 페덱스의 창업자인 프레더릭 스미스Frederick Smith 회장은 일찍이 직원people-고객service-주주profit로 이어지는 서비스업의 선순환 구조를 간파하고, 창업 철학으로 유명한 'PSP'를 내세운 바 있다. 그는 '최고의 직원에게 최고의 보상을 해줌으로써 고객에게 최상의 서비스를 제공한다'는 것을 전략의 핵심으로 하여 위대한 성공을 일구어냈다. 사실 페덱스는 소유한 항공기만 700여 대에 이르며 하루 400만 개의 소포를 처리하는 거대 기업이다. 그러나 365일 소포를 실어 나르는 화물비행기에 붙어 있는 수많은 애칭이 바로 직원들의 아이들 이름인 것을 아는 사람은 드물다. 자기 자식의 이름이 붙은 비행기를 모는 직원들의 심정은 직원 만족이란 수준과는 차원이 다를 것이다.

무릇 경영이란 것이 사람과 시스템 간의 함수이긴 하나 결국은 사람과의 게임이다. 고故 정주영 회장은 생전에 '경영이란 무엇인가?'라는 질문에 "경영이란 사람의 마음을 잡는 것이다"라고 잘라 말했다. 창조경영은 오직 강력한 인간 존중의 원리와 철학에서만 가능하다.

11

기업에도 영혼이 있다

"나의 경영 철학은 조직에 영혼을 불어넣는 것입니다. 조직에 영혼을 만들 수 있으면 내가 떠나도 영원히 변치 않는 회사가 될 것이기 때문입니다." 몇 년 전 국내 CEO의 대명사격인 안철수 전 사장이 인기 TV 프로그램 〈무릎팍 도사〉에 출연해서 했던 말이다. 사실 대부분의 조직이 CEO 교체는 말할 것도 없고 부서장 한 명만 바뀌어도 그 분위기가 전혀 달라지는 경우가 태반이다. 이러한 현상은 바로 그 조직에 영혼이 없기 때문일 것이다. 문제는 이제까지 추진해온 전략 방향과 추진 과제, 그리고 조직문화에 이르기까지 통째로 바뀌는 경우가 적지 않으며, 그로 인한 구성원들의 혼란이 사기 저하 또는 복지부동으로 이어진다는 점이다.

자동차 하면 도요타를 떠올리기 마련이지만 미국 시장에 가장 먼저 상륙한 일본 자동차회사는 혼다다. 비행기 엔진이나 인간을 닮은 로봇 개발 등 혼다의 기업 DNA는 도전 그 자체다. '기술의 혼다' 라 불리는 자체 기술력을 바탕으로 혼다는 오토바이에서 시작한 이래 자동차 분야에서 세계 빅 6에 들어가는 놀라운 성공을 이루었다. 혼다의 창업 정신은 '3 기쁨론', 즉 '만들어 즐겁고 팔아서 즐겁고 사서 즐겁다' 라는 것이다. 미국식으로 보면 직원 만족-고객만족-주주 만족인 셈이다. 이 회사의 창업자는 일찍이 "철학이 없는 행동은 흉기이고, 행동이 없는 철학은 가치가 없다"고 했다.

기업 경영에는 비전, 전략, 리더십 이전에 철학이 뚜렷해야 하며, 특히 혼이 있어야 지속 가능한 법이다. 이는 너무나 당연해 보이지만 실제 경영 현장에서 이러한 혼을 갖춘 기업을 발견해내기란 매우 어렵다. 기업에 영혼을 불어넣는 것은 문화적 유전자의 생성과 보관의 문제이며, 이는 결국 구성원들의 몫이다.

20세기 중반 미국에서 실시한 동기부여 관련 연구를 보자. 일단 직원들에게 회사에 기대하는 당근에 우선순위를 매겨보라고 하고, 관리자들에겐 직원들이 원할 것이라고 생각하는 것들의 우선순위를 매기라고 했다. 그 결과는 놀라움 그 자체였다. 관리자 대부분이 최우선으로 꼽은 것은 높은 임금과 직업적 안정이 아닌 자기 가치의 인정, 회사 내 상황에 대한 통보 등이었다고 한다. 요컨대 돈이 아니라 정신인 것이다. 이러한 종류의 연구는 그 후에도 계속되었지만 결과는 바뀌지 않았다고 한다. 결국 인간은 타인에게서 인정받기를 가장 원하는 동물인 셈이다. 돈은 매우 중요한 수단임에 틀림없으나 돈으로 그 직원들을 몰

입시키거나 헌신케 할 수는 없다. 돈으로는 결코 기업의 영혼을 만들수 없다는 말은 이제 정설이 되었다.

한마디로 '나를 알아주는 회사'를 이루어내야 한다. 직원이 스스로 가치 있는 사람이라고 느낄 때 회사의 가치 실현에 중요한 동력이 될 수 있으며, 그로써 사업이 성공할 수 있다는 이 단순한 진리가 국내에서는 아직도 보편화되지 않았다. 무엇보다 직원들 사이에 '내 의견이 중요하게 여겨지고 있다'는 생각과 느낌이 정착되어야 한다.

최근 국내 굴지의 대기업 현장에서는 팀장들로 하여금 말수를 확 줄이고 대신 팀원들의 이야기 경청 비율을 과감히 늘리도록 했다. 그 결과, 처음엔 반신반의하던 직원들도 몇 달이 지나면서부터 자신의 의견이 대접받고 있다는 느낌을 받자 아이디어를 쏟아냈고, 조직에서는 업무 개선과 특허가 늘어나면서 훌륭한 성과를 이루어냈다. 이는 결코 놀라운 일이 아니다. 그러나 여전히 상사와 선배의 권위가 지배적인 한국적 직장 분위기에서 자신의 의견을 당당히 이야기하고 상사의 의견에 반대 의견을 개진하기란 매우 어렵다.

한편 이러한 소망은 업무 추진 결과에 대한 평가와 직결된다. 비즈니스 세계에서는 성공보다는 실패 비율이 훨씬 높은 것이 일반적인데도, 실패를 용인하지 않는 분위기가 지배적일 때 새로운 일에 대한 도전과 시도는 그 싹조차 틔울 수가 없다. 안철수 전 사장은 이에 대해 "요즘 젊은이들 보고 도전 정신이 없다고 하는데, 사실은 우리 사회가 안전 지향적인 선택을 할 수밖에 없도록 몰아세우고 있어요. 미국 실리콘밸리는 성공의 요람이 아니라 실패의 요람이에요. 100개 기업 중 하나만 살아남지요. 하지만 실패한 기업이라도 도덕적이고 문제가 없다면 계속 기회를 주는 그쪽이 젊은이들의 도전 정신을 만드는 곳입니다."

오늘날 넓은 책상과 화려한 소파로 상징되는 기업 임원실의 대부분은 주로 닫혀 있다. 이에 반해 글로벌 기업 휴렛팩커드의 임원과 직원의 공간을 구분하는 것은 낮은 칸막이가 전부다. 이른바 '오픈 도어open door' 시스템의 효시라 할 수 있는 휴렛팩커드에서 회사란 모든 직원의 목소리VOE를 듣는 곳이자 직원들의 말이 즉각 반영되고 해결되는 곳이다. 글로벌 반도체 기업 인텔 본사에도 사장실이 따로 없다. 2008년도 미국 최고의 직장으로 선정된 스토리지 전문업체인 넷앱 역시 오픈 도어 업체다.

무릇 조직의 영혼은 인간의 소통을 먹고 자란다. 따라서 소통을 하고자 한다면 무엇보다 먼저 상하 간, 부서 간, 동료 간 벽을 깨야 할 것이리라.

2부

최고의 전략

– 이긴 다음에 싸워라

인생도 그렇지만 선택의 과정을 되짚어보면
선택의 과정은 곧 포기의 과정임을 알 수 있다.
요컨대 자신의 장점과 단점 중에 단점을 보완하는 것보다는
장점을 더욱 극대화하는 것이 전략적 사고이며,
이것이 바로 '차별화differentiation'라는 전략 개념의 핵심이다.
안 되는 것을 부여잡고 평균 수준으로 끌어올리려 애쓰지 말고
자신의 장기를 더욱 발전시켜
남이 감히 넘볼 수 없게 만들어나가라는 것이다.

01

포기한 자만이
집중할 수 있다

요즘은 민간인들도 최첨단 기술의 혜택을 톡톡히 누리며 살고 있다. 100킬로미터 이상 달리는 자동차 안에서 TV를 보기도 하고, 화상으로 얼굴을 보면서 통화도 하며, 3차원 그래픽 이미지의 내비게이션 시스템으로 모르는 길을 척척 찾아가기도 한다. 그러나 GPS, 반도체, 인터넷 같은 기술 중 대부분이 군수용 기술이 민수용 기술로 전용된 결과라는 것을 아는 사람은 그리 많지 않다. 오늘날 사회적으로 가장 선도적 분야로 자리매김하고 있는 민간의 기업 경영 분야도 마찬가지다. 원래 군대의 관리 기술이 현대 행정의 모태가 되었고 이러한 공공행정 분야를 밑거름으로 하여 민간부문의 기업 경영이 발전해온 것이다.

그렇게 군대의 관리 기술이 경영 부문으로 넘어온 것들 중 대표적인 것이 바로 '전략strategy' 이라는 말이다. 전략이란 원래 군사 용어로 '적을 이기는 방책'을 의미한다. 전술tactic과 구별되는 개념으로서 전략은 과학science이면서 동시에 기법art이다. 한데 지금은 사회 각 계층을 불문하고 전략이라는 단어가 홍수를 이루고 있다. 국가의 발전 전략에서부터 경영 전략, 마케팅 전략, 창업 전략, 재테크 전략, 결혼 전략 등 아무데고 전략이란 단어가 따라붙는다.

전략론에 대한 이론적 연구는 단연 동양이 압도해왔는데 이른바 병학兵學이라 하여 수천 년 전부터 체계화되어 왔다. 그중에서도 세계 최고의 권위는 역시 중국의 손자孫子와 오자吳子다. 오자가 전쟁에 임하는 기본적인 체계를 강조했다면 손자는 실질적인 세부 방법과 절차까지 언급하여 실천을 강조했다.

서양 군사전략가의 대표인 클라우제비츠의 전략론이 관념적인 데 비해 2500여 년 전 춘추시대 손자의 이론은 매우 현실적이다. 《손자병법》은 총 13편에 6109자로서 그리 많지 않은 분량이나 그 품질에서는 단연 세계 최고의 병법서로 멀게는 조조, 나폴레옹, 마오쩌둥, 가깝게는 빌 게이츠에 이르기까지 칭송을 아끼지 않는 책이라고 한다. 《손자병법》의 전문가인 노병천 한국전략리더십연구원장은 이와 관련하여 "전쟁의 결과는 참혹하다. 그래서 전쟁은 막아야 한다. 그 방법은 아이러니하게도 전쟁 자체를 잘 아는 데 있다. 전쟁 자체를 연구해야만 역으로 전쟁을 사전에 막을 수 있고, 구체적인 싸움의 설계도인 전략의 이해가 있어야 적의 직접적인 위협으로부터 나를 지킬 수 있다"고 설명한다.

우선 손자는 《손자병법》 제3편 '모공謀攻'에서 전쟁에서 싸우지 않고 이기는 것不戰而屈이 제일이라고 했다. 이른바 부전승不戰勝의 개념이다. 백 번 싸워서 백 번을 이긴다 하더라도 그것이 최고의 방법은 아니며, 최상의 방법은 싸우지 않고 이기는 일이라는 것이다. 여기서 손자는 전략가들이 염두에 두어야 할 전략의 4법칙을 소개하고 있다. 가장 최고의 단계인 '벌모伐謀'는 지략으로 적을 다스려 사전에 적의 전의를 꺾어버리는 것을 의미하는데 이것이 최고의 수준이라고 한다. 포커 게임에 비유하면 상대방의 패를 이미 다 읽고 있는 수준이라 할 것이다.

두 번째 '벌교伐交'는 외교 수단 등을 동원하여 적의 세력을 내 편으로 끌어오는 방법으로, 상대방의 교우 관계나 동맹 관계를 끊어버려 고립시키는 것이다. 이 두 가지 단계까지가 실질적인 부전승의 단계다. 세 번째는 '벌병伐兵'이다. 이는 병력을 베어버린다는 의미로서 군사를 보내 한판 싸움을 벌이는 것이다.

그리고 마지막 최악의 단계로서 어쩔 수 없을 때 택하게 되는 것이 '공성攻城'으로, 바로 방어만 하는 적을 무력으로 공격하는 단계다. 공성까지 가서 문제를 해결하려는 사람은 가장 어리석은 사람이라고 한다. 너무나 유명한 글귀인 '상대를 알고 나를 알면 백 번 싸워도 위태롭지 않고, 상대를 모르고 나를 알면 한 번 이기고 한 번 지며, 상대도 모르고 나도 모르면 싸움마다 위태롭다知彼知己 百戰不殆, 不知彼而知己 一勝一負, 不知彼不知己 每戰必殆'는 명구도 바로 여기서 나온다.

역대 전략의 최고 개념은 제4편 '군형軍形'에서 나온다. 그것은 바로 '이긴 다음에 싸워라'라는 것으로 진정한 승리의 개념인 셈이다. 손자는 여기서 "이길 수 없는 자는 지키고, 이길 수 있는 자는 공격한다. 지키는 것은 부족하기 때문이고 공격하는 것은 여유가 있기 때문이다. 이기는 군대는 먼저 이기고서 그 후에 싸우고, 지는 군대는 먼저 싸우고서 그 후에 이기려 한다"고 설파했다. 이러한 원리는 최근 북한의 핵미사일 사태를 두고 벌어지는 강대국들 간의 싸움에 적용해봐도 매우 흥미로울 것이다.

한편 이러한 전략 개념은 경영학으로 전이되면서 경쟁자보다 유리한 위치를 차지하는 방법이라는 의미에서 '경쟁 전략competitive strategy'이라는 콘셉트로 재무장되었다. 전략이론의 대가인 하버드대학의 마이클 포터Michael Porter 교수는 《마이클 포터의 경쟁 전략》에서 기업은 자신의 강점을 최대한 활용하는 전략을 상대방보다 먼저 사용함으로써 전략우위strategic advantage를 확보할 수 있으며, 이는 곧 성공적인 경쟁우위 상황으로 연결될 수 있다고 주장했다. 이러한 흐름에 따라 현대 경영학의 화두 또한 관리와 예산을 중시하는 전통적 관점에서, 변화무쌍한 환경 변화에 대한 민첩한 대응과 조직 역량을 강조하는 학습 및 전략을 중시하는 관점으로 초점이 바뀌었다.

여기서 성공적인 전략의 가장 중요한 요소는 바로 전략적 사고strategic thinking다. 일본의 유명한 경제평론가인 오마에 겐이치大前研一는 그의 저서 《기업 경영과 전략적 사고The Mind of the Strategist》에서 전략적 사고란 분석analysis과 직관intuition의 합이라 정의하고 있다. 역시 전략이란 과학이라는 도구로만은 안 되는 창의적인 무엇을 필요로 함을 알 수 있다.

이렇듯 전략이 경영상 가장 중요한 테마임에도 불구하고 실제로 기업이 전략을 성공적으로 수행하여 그 전략 목표를 달성하는 것은 결코 쉬운 일이 아니다. 구체적으로 전략은 크게 개발 단계와 전개 단계로 나뉜다. 개발이 '지知'라면 전개는 '행行'이라 할 수 있다. 인생에서도 어려운 일이 양명학에서 말하는 '지행합일知行合一'인 것은 기업 경영에서도 마찬가지다. 아무리 훌륭한 전략을 수립했다 하더라도 이를 실행 계획action plan으로 옮기는 것은 별개의 문제이기 때문이다. 실제로 구성원의 5퍼센트만이 조직의 비전과 전략을 이해하고 있으며, 조직의 10퍼센트만이 전략 실행에 성공한다고 한다. 한마디로 전략 따로, 실행 따로가 아닐 수 없다. 계획과 실행의 이런 괴리 현상은 바로 '아는 것과 하는 것의 차이'에서 기인한다고 할 수 있다.

한편 전략을 이야기할 때 대표적인 것이 선택과 집중이다. 일찍이 마이클 포터 교수는 "전략이란 무엇을 할 것인가가 아니라 무엇을 포기하고 버릴 것인가다"라고 갈파했다. 인생도 그렇지만 선택의 과정을 되짚어보면 선택의 과정은 곧 포기의 과정임을 알 수 있다. 따라서 선택과 집중은 곧 포기와 집중이다. 결국 포기한 자만이 선택할 수 있으며, 신택한 자만이 집중할 수 있다. 요컨대 자신의 장점과 단점 중에 단점을 보완하는 것보다는 장점을 더욱 극대화하는 것이 전략적 사고이며, 이것이 바로 '차별화differentiation'라는 전략 개념의 핵심이다. 안 되는 것을 부여잡고 평균 수준으로 끌어올리려 애쓰지 말고 자신의 장기를 더욱 발전시켜 남이 감히 넘볼 수 없게 만들어나가라는 것이다.

우리 주변에서도 나름대로 엘리트라는 부모들조차 자식들에게 "단점을 보완하고 장점을 발전시켜라"라고들 하는데, 그 결과는 대개 단점의 보완은커녕 그나마 가졌던 장점도 사라지는 것으로 나타난다.

'죽도 밥도 아니다' 라는 말은 바로 이럴 때 쓰는 말이다. 주위를 둘러보면 너무도 많은 사람들이 남보다 못하는 일을 열심히 하며 살고 있는 것을 볼 수 있다. 남보다 못하는 일을 성실하게 한다고 해도 잘하는 사람과의 차이를 극복하기는 너무나 어렵다. 자신이 가장 잘하는 일에 올인하는 것, 이것이 바로 성공의 요체다. 미국은 이 개념을 국가 전략에 적용하고 있다. 미국은 경쟁력 없는 과목을 과감히 포기하고 자신의 전공 과목인 IT 소프트웨어에 집중하여 1980년대 위기를 극복하고 세계 초일류 국가가 되었다.

21세기 인류의 삶을 혁신적으로 바꾼 애플의 창업자 스티브 잡스는 1997년 국제 컨퍼런스에서 "집중이란 초점을 맞추는 것이 아니다. 아무리 좋은 생각이더라도 'NO' 라고 답할 수 있어야 한다. 혁신이란 1000가지의 생각을 거절하는 것이다"라고 말한 바 있다. 애플의 경영 모토인 '다르게 생각하라!Think Different!' 와 상통하는 생각이 아닐 수 없다.

현재 우리나라는 10년 넘게 끈질기게 우리를 붙잡고 있던 소득 1만 달러 시대를 청산하고 G20의 리더로서 한-EU 및 한미 FTA 등 경제 도약의 새로운 시기를 맞고 있다. 문제는 전공 과목인 제조업에 비해 서비스업의 경쟁력이 현저히 낮다는 점이다. 우리의 핵심 역량인 제조 기반에 세계 최고 수준의 IT 기술을 접목하고 한류 콘텐츠를 결합하여 새로운 융합 경쟁력을 창조해낼 수는 없을까? 새로운 《조선책략》, 창조적인 국가 전략의 개발과 전개가 아쉬운 요즘이다.

02

평가의 기술

전국이 평가로 몸살을 앓고 있다. 일반 기업은 말할 것도 없고 공공 부문, 지자체, 정부부처에 이르기까지 개인 평가, 팀 평가, 본부 평가 등 하루해가 평가에서 시작해서 평가로 끝난다고 해도 과언이 아닐 만큼 평가 업무는 경영 현장에서 가장 중요한 사항이 되어버렸다. 바야흐로 한국은 평가 공화국이라 할 만하다. 고객만족도 등 각종 평가 결과에 따라 임직원의 급여는 물론 기관장의 거취가 결정되고 보니 일부 공기업의 경우 경영 평가가 끝나자마자 다음 평가 준비를 위한 태스크포스를 발령낼 정도로 평가는 이제 경영자에게나 실무자에게나 매우 중요한 요소이자 동시에 고통스런 테마가 되었다.

지난날 일본식 경영 방식을 답습해온 우리 경영 행태에서 평가는 사실상 형식적이고도 주관적인 요식으로 끝나기 일쑤였다. 그러나 IMF 사태를 겪으면서 전통적인 연공서열 제도를 과감히 뛰어넘는 소위 능력급 제도가 전국에 열병처럼 번져나갔다. 우리 한국인들은 변화에 대단히 인색한 경향이 있으나 일단 발동이 걸리면 세계 그 어느 민족보다 빠른 변신을 보이는 민족이 아니던가. 더욱이 참여정부에 들어와서 타오르기 시작한 혁신의 불길은 가장 보수적이라 불리는 공무원 사회에까지 평가의 새바람을 불러오기에 이르렀다. 중앙부처는 물론이거니와 저 먼 시골 군청에 이르기까지 BSC로 대표되는 평가 시스템이 확산되기에 이르렀고, 이를 뒷받침해주는 컨설팅회사들은 밀려드는 평가특수에 한동안 즐거운 비명을 올리기도 했다.

하지만 최근 경영 현장에서는 이른바 '혁신 피로innovation fatigue'가 만연하여 펀 경영, 감성경영 등을 도입해 조직 내 열정과 창의성을 올리는 것이 또 다른 과제로 급부상하고 있다. 사실 이러한 상황은 선진국에서도 마찬가지다. 치열한 글로벌 생존 경쟁의 현장에서 선진 기업들은 지속적인 혁신 드라이브에 따른 피로도를 완화시키기 위해 다양한 개인적 성취 동기 부여, 혁신 네트워크 구축 및 의사결정 단계의 과감한 축소와 같은 방법을 통해 이를 극복해내고 있다.

품질경영TQM과 관련된 오랜 격언 중에 '측정 없이는 개선도 없다Without measurement, no progress'는 말이 있다. 경영 목표를 설정하고 이를 달성하는 것이 경영이라면 그 목표 달성을 관리하기 위해서는 사전에 측정 가능한 핵심성과지표KPI를 설정하고 이를 통해 그 진도를 추적하여 문제를 체크해나가는 길 외에는 없다. 결국 평가란 시스템적 사고로 무장된 매우 합리적인 프로그램의 산물이 되어야 한다. 불공정하거나 비

합리적인 평가를 통해 조직의 경쟁력 제고는커녕 직장 내 살벌한 경쟁 분위기 때문에 따뜻했던 기업문화마저 하루아침에 척박하게 만들어버리는 것은 평가의 대표적인 부작용이라 할 수 있다.

여기서 탁월한 평가를 위한 5가지 핵심 사항을 살펴보자.

첫째, 출제자 의도를 파악하라. 표적을 알아야 과녁을 맞힐 수 있다.

둘째, 정답보다 해답이다. 답도 중요하지만 이를 풀어내는 과정이 더욱 중요하다.

셋째, 논리를 세우고 근거로 풀어라. 시서화詩書畵의 원리를 도입해보는 것도 좋을 것이다. 제목은 시처럼 뽑고 내용은 논리적으로 기술하되 성과 내용 등은 상대적 비교 데이터를 이용하여 그림으로 표시하라는 이야기다.

넷째, 구슬은 꿰어야 보배다. 이는 PDCA Plan, Do, Check, Action 순환 원리가 업무 전반에 걸쳐 녹아들어야 하는 이유이기도 하다.

다섯째, 장미를 신문지에 싸지 마라. 즉, 포장도 기술이라는 뜻이다. 아무리 선물의 내용이 좋아도 그 포장지가 열악하면 우수한 평가를 받기는 어렵기 때문이다.

원래 평가란 업무를 잘하게 하기 위한 수단임에 틀림없다. 그러나 그것이 지나치면 평가를 위해 업무가 존재하게 되는 주객전도의 상황이 되기 십상이다. 평가가 일종의 이데올로기가 되어가는 작금의 경영 현장을 보면 그러한 우려가 기우가 아님을 쉽게 알 수 있다. 따라서 평가 시스템의 우수성보다 그 합리적 운용 노하우가 훨씬 중요하다.

하지만 평가란 조직의 성공을 위해 어쩔 수 없이 내야 하는 세금과 같은 것이라고나 할까. 그 속성상 피곤한 측면이 존재하기 마련이다. 따라서 이왕이면 평가와의 정면 대결을 통해 이를 리드해나가는 능동적인 자세가 필요하다. 옛말에도 '피할 수 없으면 즐겨라' 라고 하지 않았던가.

03

사회적 책임은 전략이다

매년 여름이 되면 바캉스 인파로 명절에나 볼 수 있었던 민족의 이동이 재현되고 있다. 바캉스란 말의 어원은 '비어 있는' 이란 뜻의 'vacant'로, 한마디로 마음을 비우는 기회라는 것이다. 예부터 동양에서는 병영의 리더인 장수에 대해 '지장智將보다는 덕장德將, 덕장보다는 명장名將'이라고 했으나, 최근에는 그 위에 '현장現場'이 있다고 한다. 세계 최고 수준의 경쟁력을 보유한 GE의 성공 비결 중에서도 벽 없는 조직, 워크아웃과 함께 거론되는 것이 바로 'Walk the talk'라는 말로 상징되는 현장 경영MBWA이다.

그럼에도 불구하고 앞만 보고 달려오다 모처럼 휴식을 통해 경영의 현장에서 한 발짝 물러나, 보다 근본적인 문제들에 대해 사색하고 미래를 재설계해보는 것은 매우 가치 있는 일이 될 것이다. 성경에서도 6일

일하는 것보다 일요일 하루 안식을 더 중요시하는데, 이는 일하는 것보다 자신을 뒤돌아보고 마음을 다스리는 것이 얼마나 중요한지를 깨우쳐주고 있다.

사실 '경영이란 무엇인가?' 라는 질문에는 수많은 대답이 있을 수 있다. 우선 시스템 측면에서 보면 경영이란 리더십을 발휘해서 성과를 내는 게임이랄 수 있다. 한국이 낳은 세계적인 경영자 정주영 회장은 생전에 "직원과 고객의 마음을 사로잡는 유일한 방법은 내가 그들에게 진실을 말하는 것뿐이다"라고 했다. 뒤이어 그 유명한 《시련은 있어도 실패는 없다》라는 명저를 남긴 바 있다. 전 GE코리아 사장을 지낸 이채욱 인천항공사 사장은 "경영이란 사람을 만나는 일이다"라고 잘라 말한 바 있다.

지금까지 경영의 주류를 이룬 것은 미국식 자본주의에 입각한 주주 중심주의stockholderism였다. 이는 AT&T 벨연구소에서 만든 3VA 모델의 직원 만족, 고객만족, 주주 만족으로 요약된다. 그러나 최근의 주류는 이를 포함하여 투자자, 지역사회 등 해당 기업에 이해를 가지고 있는 모두를 만족시켜야만 하는 추세로 바뀌고 있다. 이른바 이해관계자 중심주의stakeholderism로의 전환이다. 여기서 '스테이크홀더' 란 도박 게임에 비유하면 판돈을 댄 사람을 총칭하는 말이다. 그 배경을 보면 경제의 디지털화, 글로벌화가 가속화되면서 전 세계적인 변화와 혁신이 이슈가 되고 자본주의에 대한 근본적인 반성이 가미되면서 기업의 지속가능성이 화두로 급부상한 것을 꼽을 수 있다.

구체적으로는 기업이 단지 이익을 추구하는 것만은 아니며, 사회의 중요한 구성원으로서 기업시민 정신corporate citizenship의 고양이 매우 중요하다는 인식이 높아진 결과라 볼 수 있다. 최근 국내 각종 경영 진단과 평가 현장에서 경영의 사회적 책임CSR이 매우 중요한 비중으로 다루어지고 있는 데다 이른바 '사회적 기업social enterprise'에 대한 관심이 부쩍 증가하고 있는 것도 바로 이 때문이다. 이러한 논의에는 UN을 비롯한 각종 국제기구 및 NGO 단체 등이 오랫동안 연구하고 문제를 제기해온 것에 힘입은 바 크다. 국제표준기구인 ISO에서도 이러한 흐름에 발맞추어 ISO 26000 시리즈가 새롭게 선보이고 있다.

국내에는 윤리경영, 투명경영, 지속 가능 경영 등 다양한 용어로 표출되고 있으나 사회적 책임 경영Social Responsibility Management(SRM)에 대한 국내 기업의 생각은 현재 많이 바뀌고 있다. 구조적으로 보면 우선 지배구조의 건전성, 이사회 운영의 투명성, 외부 독립 기관에 의한 회계 감사 등이 그 뼈대를 이루고 있다. 기본적으로 보면 현재 거의 모든 기업이 윤리헌장과 윤리규범 등을 제정, 운영하고 있다. 그러나 아직도 상당수가 형식적인 구호 수준에 머물고 있는 것이 사실이며 목표, 기준, 관리지표, 평가 피드백 등을 갖춘 시스템적인 차원에는 못 미치고 있다. 선진 기업들의 경우 윤리선ethics line을 유지하는 것은 가장 우선시되는 부분이다. 정리해고가 일상화되어 있는 서구 기업들 중에서도 해고 없는 기업을 유지하고 있는 일부 유수 기업들조차 직원의 윤리 규정 위반에서만큼은 원 스트라이크 아웃one strike out 제도를 운영할 정도로 엄격하다. 요컨대 윤리를 뒤집으면 이윤이 되듯이 윤리적 기반 없는 이윤 창출은 없다는 것이다.

사회 공헌 활동 분야를 보면 더욱 그러하다. 현재 웬만한 기업을 들여다보면 실질적으로는 매우 다양한 사회 공헌 활동을 벌이고 있다. 문제는 그러한 활동들이 자신의 지속 가능성이라는 명제와 정렬 선상에서 이루어지고 있느냐 하는 점이다. 기업이 단지 이익만 추구하는 실체는 아니라고 하지만 그렇다고 자선단체는 더더욱 아니다. 국가가 할 일이 따로 있고 지자체가 할 일이 따로 있다. 요컨대 전략적 관점에서 접근해야 한다는 것이다.

대표적인 경우가 유한킴벌리의 '우리강산 푸르게 푸르게' 캠페인이다. 많은 이가 산에만 올라가면 그 문구가 떠오르고 더불어 정말 좋은 기업이라는 이미지가 뒤따라온다고 말하고 있다. 이는 한 가지 캠페인을 오랫동안 일관적으로 수행하고 자신의 주력 제품과 업종을 신중히 고려해 채택한 결과다. 오늘날 유한킴벌리의 성공 이면에는 바로 이러한 전략적 고려가 있었다고 사료된다. 역시 포기와 집중이라는 전략 키워드는 이 분야에서도 효과적인 콘셉트임에 틀림없다.

그 많은 활동들을 하면서 이해관계자들에게 뚜렷한 이미지 심기에 실패하고 있는 기업들을 볼 때마다, 아직도 윤리경영을 직원들의 깨끗함으로만 보고 사회 공헌을 환경 청소나 불우이웃 돕기와 혼동하고 있는 것은 아닌지 하는 생각이 자주 든다. 모쪼록 휴식을 가지면서 기업의 존재 의미와 지속 가능성이란 근본적 테마에 대한 이유 있는 성찰의 기회가 되기를 바란다.

04

단순한 것이 아름답다

'작은 것이 아름답다Small is beautiful.' 두 차례의 석유 위기가 전 세계를 공황 상태로 몰아가던 지난 1973년 영국의 저명한 경제사상가 에른스트 슈마허Ernst Schumacher가 출간한 책의 제목이다. 그는 저술에서 물질적 풍요라는 치장으로 인간을 체계 안에 속박시키고 환경 파괴를 조래해온 현대 공업 문명을 그 근저부터 비판하고 있다. 당시에는 자본 집약적인 기술이 성급하게 도입되면서 재래의 노동 집약적인 기술과 그 주변의 교육기반이 파괴되는 일이 많았다. 특히 개발도상국의 성급한 공업화 정책으로 애초에 목표로 삼은 빈곤, 영양실조, 낮은 생활수준의 해결 등이 실패로 끝나고, 오히려 악화된 예가 많았다. 여기에 대해 슈마허는 중간기술intermediate technology이란 개념을 제창함으로써 그 대안을 제시하고자 했다. 현대 기술을 대신하는 다른 기술로서 소프트

사이언스soft science, 래디컬 테크놀로지radical technology 등이 제창되고 있는데, 중간기술 개념은 그중의 하나다.

그러나 그 이후 전 세계 경제는 슈마허가 상상조차 하지 못할 정도로 디지털화, 글로벌화로 대표되는 엄청난 변화의 격랑을 맞았다. 지난 1970년대 고객의 수요가 10인 1색이었다면 현란한 첨단기술의 홍수에 노출되어 1인 10색으로 상징되는 오늘날 경영의 성공 화두는 무엇일까? 현재 세계경제를 주도하는 대표 주자들에게서 나온 대답은 바로 '단순함simplicity으로 승부하라' 이다.

다양한 성격과 기호를 가진 수많은 사람들로 구성된 조직을 운영함에 있어서 경영이 어렵고 복잡하다면 이미 실패한 것이나 다름없다. 복잡한 세상살이에서 사람들은 쉬운 것을 좋아하고, 복잡한 것보다는 단순한 것을 선호하기 마련이다. 거기에 즐거움까지 겸비한다면 금상첨화가 아닐 수 없다. 이는 무엇을 잘해보려고 할 때나, 상사에게 결재를 설득할 때나, 심지어는 맘에 드는 여자에게 청혼할 때 매우 절실히 깨닫게 되는 삶의 원리가 아닐 수 없다. 우리가 오랜 세월 공부해서 배우고자 하는 것도 바로 복잡한 것을 단순화하여 이해하는 과정에 다름 아니다. 골프 경기만 보아도 고수는 쉽고 단순하게 문제를 푸는 반면 하수는 어렵고 복잡하게 접근함을 알 수 있다.

1조 원이 넘는 액수로 유튜브를 인수하여 업계를 깜짝 놀라게 한 이래 인터넷 세계의 최강자로 부상한 구글을 보자. 구글 직원들은 출퇴근 시간이나 골치 아픈 규정 대신 자신의 장기를 최대한 발휘하는 시스템에 너무나 만족하고 있다. 80퍼센트는 업무에, 20퍼센트는 자신이 관심 있는 분야에 시간을 쓰라는 구글 정신의 근저에는 바로 단순함을 강조하는 창업자 세르게이 브린의 철학이 숨겨져 있다. 도착 시간의 철저한 준수로 유명한 미국 사우스웨스트항공의 6가지 성공법칙 중 두 번째 법칙 'Keep it simple' 에서도 단순함을 찾아볼 수 있다. 이 항공사는 보딩패스도 없고 기내식도 주지 않는다. 400대가 넘는 기종은 보잉 737 단일 기종이다. 복잡하기만 한 다양한 항공기 제원을 익혀야만 하는 다른 항공사 직원과 달리 사우스웨스트항공의 직원들은 오직 고객을 즐겁게 하는 데 자신의 열정을 쏟는다. 이것이 이 회사의 경영 철학이다.

'어려울 땐 기본으로 돌아가라' 는 말이 크게 유행하던 시절이 있었다. 실제로 업계에서 소위 잘나가는 제품의 비결은 바로 소비자가 원하는 것만 담아낸 단순한 콘셉트에 있다. 이러한 경향은 첨단 IT 제품일수록 더욱 현저하다. 과거 LG전자가 출시한 '와인폰' 은 걸고 받는 본래의 전화 기능에만 충실하고자 각종 첨단 기능을 다 없앤 대신 버튼의 크기를 2배로 키우고 자주 쓰는 기능만 단축키로 묶었다. 반응은 엄청 뜨거웠다. 이미 국내 식품업계, 유통업계 등에서는 과거 고급 기능을 강조하면서 가격은 비싼 '거품 기능 제품' 에 소비자가 등을 돌리는 것이 일반화되어가고 있다. 한 여성 아이돌 그룹이 선보여 폭발적인 인기를 얻었던 '텔미 댄스' 열풍 또한 이와 무관하지 않다.

일본 전자회사들의 신제품 출시 경쟁은 한마디로 전쟁터 그 자체다. 신제품 담당자들의 과로사가 속출하여 사회적 문제가 된 적도 있을 정도다. PC나 복사기, 팩스 같은 사무용 전자기기의 경우엔 1분기 정도의 기간에도 기능은 비슷비슷한데 약간의 디자인만 달리한 수십, 수백 종이 도쿄 아키아바라 시장에 무작정 쏟아지고 있다. 이러한 와중에 별로 쓰지도 않는 첨단 기능은 과감히 던져버리고 재생과 녹화 기능만 충실하게 만든 VTR 제품이 대박을 터뜨린 것이다. 리모컨 버튼도 대표 기능만 크게 보이게 하는 등 아주 단순화하고 대신 가격은 확 낮춘 제품이었다. 장년 및 노년층의 반응은 가히 폭발적이었다.

복잡한 디지털화가 더욱 진전되면 될수록 오히려 '단순한 것이 아름답다'라고 해야 하는 시대가 온 것이다. 추사 김정희가 남긴 글귀 중 '큰 기교는 마치 서툰 것처럼 보인다大巧若拙'는 바로 이를 두고 한 말이 아닐까.

05

전략적 사고
– '오히려'를 생각하라

세계경제 전체가 심각한 몸살을 앓고 있다. 미국발 부동산 담보대출로 촉발된 1차 금융위기가 2차 유럽발 재정위기로 이어지면서 경기침체의 두려움이 마치 조류독감처럼 번지는 형국이다. 수십 조 달러에 달하는 뮤추얼펀드 운용에도 초비상이 걸렸다. 금융 시스템은 각종 파생상품과 첨단 트레이딩 시스템으로 무장하다 못해 이제는 그 누구도 통제할 수 없게 되어버렸으며, 오히려 인간이 시스템의 포로가 되어버린 게 아닌가 하는 우려의 목소리도 높다. 그 안을 들여다보면 제조업을 버리고 금융이라는 신무기로 세계경제를 컨트롤해온 미국의 시스템 경영이 한계를 드러낸 것이라고도 볼 수 있다.

글로벌 경제의 또 다른 한 축인 EU는 더욱 심각하다. 해가 지지 않는 나라로 불리던 대영제국에 불이 꺼져가고, 소득 5만 달러 시대를 열며 그동안 가장 잘나간다고 했던 아일랜드 경제도 반 토막 난 지 오래다. 선박왕 오나시스의 나라 그리스의 문제는 포르투갈, 스페인의 피레네 산맥을 넘어 로마로 쳐들어갈 공산이다. 최고 부자클럽이 몰락하고 나니 형편이 어려운 다른 나라들은 말할 여지도 없다. 오죽하면 현재 지구상 국가들이 '경제가 어려운 나라'와 '더 어려운 나라'로 나뉜다는 말이 나올까.

실용주의를 표방한 MB 정권 역시 출범 시작부터 창조성이니, 발상의 전환이니 하는 문제 해결형 화두를 강조해왔다. 이제는 그 어느 때보다도 정치, 행정, 경제, 문화 등 사회 각 계층에서 높은 수준의 전략적 사고가 요구되고 있다. 전략적 사고란 과학적 분석력에 통찰력insight을 겸비할 때 비로소 작동되는 성질의 것이다. 쉬운 말로 하면 나무도 보고 숲도 보아야 한다는 이야기다. 물리학의 프랙탈 이론fractal theory 또한 전체 속에 부분이 있고 부분 속에 전체가 있다는 것을 입증하고 있다.

그러나 머릿속에 든 게 없으면 발상이 나올 수 없으며, 든 게 있다 해도 깨달음이 없으면 발상이 전환되지 않는다. 자신의 경험이나 주관에만 입각한 사고방식으로는 결코 창의적 사고를 할 수 없다. 이에 대해 미국의 진보주의 교육가인 루돌프 플레쉬Rudolf Flesch는 "늘 해오던 방식을 고수할 필요가 전혀 없다는 깨달음, 그것이 바로 창의력이다"라고 말한다. 본질을 꿰뚫어 볼 수 있는 사고력은 사물의 원리를 이해할 때 비로소 가능해진다. 학교생활에서 좋은 성적을 받는 모범생이 아이디어가 많은 것은 아니다. 오히려 평소 엉뚱한 생각을 하는 괴짜형 인간이 발상의 전환의 단초를 제공하는 경우가 많은 법이다.

경영에는 연습이 없다. 치열한 현장에서 논리적 인식과 현실의 차이를 모르면 의사결정에 큰 낭패를 겪기 십상이다. 세상일이란 논리적으로 되는 것이 결코 아니기 때문이다. 과거 경영학 분야에서도 의사결정의 불확실성을 극복하고자 게임 이론game theory을 비롯한 많은 시도가 이루어져 왔다.

노동시장에서 자주 쓰이는 것 중 하나가 '해고의 역설'이다. 유럽에서 노동조합들이 노동자 보호를 위해 해고를 어렵게 한 결과 실업률이 더욱 높아진 결과를 두고 생겨난 말이다. 지금도 국내에서 진행 중인 비정규직 보호법안의 파행 결과는 바로 이러한 문제의 전형적인 사례다. '하나는 알고 둘은 모른다'는 옛말은 바로 이럴 때를 두고 한 말이다.

과거 뉴욕 경찰국은 지독한 주차난으로 주차장 확대 민원이 급증하자 오히려 기존 주차장 축소로 대처했다. 주차장을 확대하면 주차난이 줄어드는 것이 아니라 그동안 자가운전을 포기하고 대중교통을 이용하던 계층까지 늘어나 교통 혼잡이 오히려 가중된다는 것이다. 독일의 환경청도 쓰레기 매립으로 인한 환경오염을 줄이고자 소각로 기준을 강화한 적이 있다. 그 결과 소각 대상용 쓰레기를 구하지 못해 의무 처리 비율을 맞추지 못한 지방자치단체들이 소각용 쓰레기를 일부러 생산해내는 아이러니가 벌어진 바 있다.

이처럼 전략적 사고의 부족은 수많은 역설paradox을 낳는다. 2008년 저명한 과학잡지 〈사이언스Science〉는 바이오 연료의 원료 작물인 옥수수나 사탕수수 등을 재배하기 위해 농민들이 열대우림이나 초원을 개간하면서 온실가스의 배출량이 오히려 더 늘어난다고 지적했다. 전 세계적으로 청정연료로 각광 받고 있는 바이오 연료가 사실은 석유나 석탄 같은 화석연료보다 지구 온난화를 더 악화시킨다는 것이다.

이렇듯 우리가 쉽게 받아들이고 넘어가는 상식이나 고정관념에는 수많은 함정이 있다. 여기에 인간 개개인의 선호도나 감각이 어우러져서 벌어지는 정책결정의 오류는 또 얼마나 많겠는가. 전략적 사고란 결코 쉬운 일이 아니다. 이는 지속적인 사고의 훈련이 뒷받침되어야 가능하다. 근본을 이해하는 원리 사고, 사물 간의 관계를 이해하는 맥락적 사고, 그리고 무엇보다 유연한 사고가 중요하다. 좋은 결과를 기대하고 의사결정을 할 때 반드시 '오히려' 라는 석 자를 생각해보는 습관을 들여봄직하다.

06

이기는 자가 강하다

'나무를 사지 말고 산을 사라.' 이는 일본 황궁을 건축하는 대목수大木手의 이야기다. 일반적인 목수는 필요한 나무만 골라 사지만, 대목수는 크건 작건, 곧건 굽건 모든 나무가 나름대로 각자 쓰임새가 있기 때문에 산 전체를 산다는 것이다. 일단은 곧게 쑥 뻗은 나무만을 골라 집을 짓는 것이 바람직하다고 생각하기 쉽다. 그러나 왕궁을 건설하는 일은 곧은 나무들로만 이루어지는 것은 아니다. 여러 가지 형태의 나무들이 모두 필요하며 그 나무들이 조화를 이룰 때 비로소 훌륭한 건축물이 된다.

사실 일본은 메이지유신明治維新 이전부터 목수를 정부에서 직접 관리하며 관직을 주었을 정도로 나무를 중요시했던 나라다. 법륭사法隆寺를 맡으며 목수들 중 최고 단계인 궁대공宮大工에 오른 니시오카 츠네카즈西

岡常—는 생전에 "나무는 대자연이 길러낸 생명입니다. 수천 년 동안 산에서 삶을 영위해온 그 생명을 건물에서 되살리는 것이 우리들 목수의 사명입니다"라고 했다. 그가 지금까지 일본 최고의 도편수라는 칭호를 유지해온 것은 자신이 목수 이전에 불과 100년도 못 사는 인간이라는 존재임을 인식하고 자연을 대했던 겸손한 자세 때문이었다. 동양의 마키아벨리라 불리는 한비자韓非子는 일찍이 "태산泰山은 흙과 돌의 좋고 나쁨을 가리지 않고 다 받아들였기 때문에 그 높음을 이룬 것이다"라고 갈파한 바 있다.

조직의 원리도 마찬가지다. 조직 구성에 있어 가장 위험한 발상은 순수혈통주의다. 특히 내 마음에 쏙 드는 사람들로만 구성된 조직은 어느 정도 이상의 성장을 넘지 못한다는 것이 상식이다. 무엇보다 큰 힘은 역시 다양성에서 나온다는 것이 역사의 교훈이다. 과거 소니 캠코더의 최고 히트작을 기록한 'TR-55'는 불량사원 서클의 리더인 이시이 부장이 주도한 팀에 의해 이루어졌다. 도쿄대학 출신으로서 회사 내 대표적인 불만 세력에게 신제품 개발을 맡겼던 것이 대박이 난 것이다.

과거 인기리에 방영된 드라마 〈이산〉의 한 장면을 보자. 화완옹주를 우두머리로 한 역모 세력을 밝혀낸 영조는 세손에게 이렇게 말했다. "정치란 임금 혼자서 할 수 있는 일이 아니다. 임금 곁엔 뜻을 달리하는 이들이 있어야 한다. 허나 그 곁엔 반드시 임금을 지키고 보위할 자도 있어야 하지. 허니 넌 이제부터 저들과 맞설 네 사람을 만들어야 한다. 잊지 말거라. 네 흉을 잡는 자들을 곁에 두거라. 또 그 곁엔 반드시 네게 길을 보여주는 자들을 심어야 한다. 알겠느냐?"

"이기는 자가 강하다는 걸 깨달았다." 지난 베이징 올림픽에서 한국 야구에 연거푸 고배를 마시며 노 메달의 수모를 안고 귀국길에 오르던 일본 야구대표팀 호시노 감독이 한 말이다. 원래 '강한 자가 이기는 것이 아니라 이기는 자가 강하다'라는 말은 마케팅의 영원한 명제다. 이와 관련하여 비즈니스 리엔지니어링BPR 개념의 창시자인 마이클 해머Michael Hammer는 "기업의 장기적인 성공을 가져다주는 것은 상품product이 아니라 프로세스process다"라고 했다. 실제 시장에서 승부는 최종 상품에 의해서가 아니라 그것을 가능케 하는 프로세스에 의해 결정 난다는 의미다. 하수는 '결과'를 챙기고 고수는 '과정'을 챙긴다고나 할까.

예전에 골프장에 가보면 전동카트는 100퍼센트 일제로, 산요 아니면 야마하였다. 여기에 도전장을 내민 회사가 바로 부산의 CT&T다. 이 회사는 어려운 상황에서도 포기하지 않고 창업 6년 만에 국내 점유율 1위로 부상했을 뿐 아니라 일본 수출까지 이루어냈다. '골프장의 거북선'이라 불리는 이 회사의 카트는 가격도 대폭 싸게 만들었을 뿐 아니라 의자에 열선도 깔려 있어 골퍼들에게 인기라고 한다.

한편 면도기 하면 누구나 우선 질레트Gillette를 연상하게 된다. 그런데 국내의 도루코가 다중날 경쟁에 돌입한 세계 면도기시장에서 세계 최초로 6중날 면도기인 페이스 시리즈를 출시했다. 지금까지는 질레트의 5중날 면도기가 세계에서 가장 날이 많은 면도기였다. 이는 연구원 전체가 수년간 면도를 집에서 하지 않고 회사에서 하는 등 갖은 고생 끝에 얻은 성과이기도 하지만, 그보다 더 중요한 것은 면도날의 연마와 코팅 기술 등 각종 첨단기술이 녹아 있는 시스템적 산물이라는 점이다.

전 세계가 동시에 복합 불황의 늪에 빠져들고 있다. 우리 경제도 여기저기 파열음과 마찰음이 들려오고 있다. 그렇다고 탄식만 하고 있을 수는 없다. 러시아의 대문호 톨스토이는 "그림자가 있는 곳에는 반드시 밝은 빛이 비친다"고 했다. 이럴 때일수록 기본을 튼튼히 하고 이기는 훈련을 강화해나가야 할 것이다. 사실 언제 우리가 어렵지 않았던 적이 있었던가?

07

운칠기삼_{運七技三}
– 당신은 행운아입니까

예로부터 '실력 있는 사람이 운 좋은 사람을 이기지 못하고, 운 좋은 사람이 인복이 많은 사람을 넘지 못하며, 인복이 많은 사람도 명이 긴 사람에게 진다'는 말이 있다. 그런데 커다란 성공을 거둔 CEO들 중에는 "사업을 위한 필수 양분을 아무리 꽉꽉 눌러 채워 넣었다 해도 운이 따라주지 않으면 말짱 헛것이다"라고 말하는 분이 의외로 많다. 심지어 세상의 단맛, 쓴맛을 다 보았다고 하는 도박판의 타짜들조차 승부는 운칠기삼이라고 한다. 인생살이에 있어 인간의 재주(노력)가 3이면 신의 섭리가 7이란 이야기다. 일견 이 말에 담긴 뜻을 인생사 모두가 운수나 재수에 달려 있어 인간의 노력만 가지고는 되지 않는다는 체념적 운명론의 뜻으로 받아들이기 쉽다. 그러나 그 용어가 유래된 본래의 취지는 전혀 다르다.

운칠기삼의 유래는 중국 청나라의 문인 포송령蒲松齡의 《요재지이聊齋志異》에 수록된 소설이라 전해지고 있다. 어떤 선비가 변변치 않아 보이는 사람들도 버젓이 과거에 급제하는데 자신은 낙방을 거듭해 패가망신에까지 이르자 옥황상제를 찾아가 그 연유를 따져 물었다. 옥황상제는 정의의 신과 운명의 신에게 술내기를 시켰다. 만약 정의의 신이 술을 많이 마시면 선비가 옳은 것이고, 운명의 신이 많이 마시면 세상사가 그런 것이니 선비가 따라야 한다는 다짐을 받았다.

내기 결과 정의의 신은 3잔밖에 마시지 못하고, 운명의 신은 7잔이나 마셨다. 옥황상제는 선비에게 세상일의 7할은 운명이 지배하지만 나머지 3할은 정의와 합리가 지배하니 운명 탓만 하지 말라고 일깨워 주었다. 요컨대 모든 일이 행불행에 따라서만 결판나는 게 아니므로 운수에 기대지만 말고 스스로 할 수 있는 노력을 다하라는 것이다.

요즘 청소년들 사이에서나 경영 현장에서, 심지어는 정책당국에서조차 운칠기삼의 의미를 잘못 알고 쓰고 있는데, 세상일이 자신의 노력보다는 우연이 지배한다고 인식하는 것은 위험하기 짝이 없는 일이다. 운칠기삼과 비슷한 것으로 경마인들 사이에서 회자되는 '마칠기삼馬七騎三'이 있다. 경마의 승리에는 말 본래의 능력이 7할, 말을 모는 기수의 능력이 3할을 차지한다는 뜻이다. 이를 경영 원리에 빗대어보면 시스템이 70퍼센트, 인간이 30퍼센트라고 볼 수도 있겠다는 생각이 들었다. 결국 인생이나 경영이나 운과 안목의 조화가 가장 중요한 것이라 보인다.

일찍이 미당 서정주는 자신을 키운 건 8할이 바람이라 노래했다. 그

것이 운수이건, 말이건, 바람이건, 불교에서 말하는 업業이건 내가 통제할 수 있는 것은 결코 아니다. 중요한 것은 겸손이다. 운運이란 본질적으로 무엇인가를 옮기고 나른다는 의미다. 우리들 인생이나 사업이 하나의 여행길이라고 한다면 운이란 우리를 실어나르는 장거리 운반용 버스에 다름 아니다. 우리를 태운 버스를 모는 것은 운전사의 능력일 것 같지만 버스가 고물이면 아무런 소용이 없다. 동시에 아무리 좋은 시스템을 갖춘 버스라 하더라도 운전수가 음주운전을 한다면 대책이 없다.

운칠기삼이란 결국 노력이 없이는 운도 따르지 않는다는 뜻이다. 어떻게 보면 운이란 우리 스스로가 만드는 것이라는 생각도 든다. 다른 사람들에게 자신이 베풀어온 총량의 합이 결국 운이란 버스의 성능을 결정하는 것 아니겠는가? 현재 경제위기의 어려움은 모두가 함께 겪고 있지만 회복기에 이르면 운칠기삼의 진짜 원리를 아는 사람과 그렇지 않은 사람의 차이는 확연할 것이다. 그때 비로소 어떤 일을 이룰 운수와 시기가 함께 올 것이다. 이른바 운도시래運到時來의 시기를 맞는 것이다. 운이란 없다. 다만 우리가 그것을 운이라 부를 뿐이다.

08

머피가 샐리를 만났을 때

우리들의 다양한 삶 속에서도 일종의 신기한 경험 법칙은 존재하기 마련이다. 1949년 미국 공군에서는 인간이 중력에 얼마나 견딜 수 있는지에 대한 실험을 했으나 모두 실패했다. 나중에 조사해보니 조종사들에게 쓰인 전극봉의 한쪽 끝이 모두 잘못 연결되어 있었는데, 이는 한 기술자가 배선을 제대로 연결하지 않아 생긴 사소한 실수 때문이었다. 전극봉을 설계한 에드워드 머피 대위는 "어떤 일을 하기 위한 여러 가지 방법 중에서 한 가지 방법이 재앙을 초래할 수 있다면 누군가가 꼭 그 방법을 쓴다"라고 말했다.

여기서 '머피의 법칙Murphy's Law'이란 말이 유래했다. 이 말은 일이 좀처럼 풀리지 않고 오히려 갈수록 꼬이기만 하거나 거듭 낭패를 겪는다는 뜻이다. 우리의 옛말에도 뒤로 넘어져도 코가 깨진다거나 흔한 개

똥도 약에 쓰려면 없다는 이야기가 있다. 매일 버스로 출근하다가 그날 따라 택시를 탔더니 교통사고가 난 경우, 헐레벌떡 도착했으나 건물 내 엘리베이터 모두가 내가 원하는 방향과 반대로 움직이는 경우 등이 머피의 법칙에 속한다.

머피의 법칙을 과학적 관점에서 설명하면, 이는 시간적으로 단순히 앞선 사건이 나중에 일어나는 사건의 원인이라고 착각하는 인지적 오류에 해당한다. 심리학에서는 사람들이 모든 현상의 원인을 찾아내려 하기 때문에 나타나는 현상으로 파악한다. 그래서 논리학에서는 이런 현상을 '거짓 원인의 오류'라고 한다.

모든 스포츠 중에서 인생과 꼭 닮았다고 하는 것이 바로 골프다. 골프를 통해 본 머피의 법칙은 바로 실패의 심리학이다. 스코어에 집착하고 조급할수록 공은 자신의 의도와는 100퍼센트 정반대로 나가기 때문이다. 사실 골프 경기 내내 '자신에게만 계속되는 불운'이란 역설적으로 말하면 행운과 동전의 양면이다. 살다 보면 누구나 좋지 않은 일과 좋은 일을 함께 겪기 마련이다. 그러나 마음 자세에 따라 운이 좋았던 일은 쉽게 넘겨버리고 좋지 않은 일만 기억하는 심리 상태가 되면 머피는 어김없이 찾아온다.

이와는 반대로 우연하게도 자신에게 유리한 일만 계속해서 일어나는 것을 가리켜 '샐리의 법칙Sally's Law'이라고 한다. 여기서 샐리는 1989년 제작된 라이너 감독의 미국 영화 〈해리가 샐리를 만났을 때 When Harry Met Sally〉에서 여주인공 샐리(맥 라이언 역)가 연속으로 좋지 않은 일만 일어나는 불운을 겪지만 결국에는 해피 엔딩으로 이끌어가는 모습에서 따온 것이다. 예를 들어 중요한 약속 시간에 늦게 도착했더니 상대방이 더 늦게 도착하는 경우, 건널목에 도착하자마자 신호등이 파란불로 바뀌는 경우, 시험 직전에 급하게 펼쳐 본 문제가 출제된 경우, 강의에 지각을 했는데 출석을 늦게 부르는 경우 등은 모두 샐리의 법칙에 해당한다.

그렇다면 우리는 인생을 살아가면서 과연 머피와 샐리 중 누구를 더 자주 만나게 될까? 단순하게 생각하면 순전히 운에 따라 결과가 나타나는 것 같으나, 깊이 생각해보면 결코 그렇지는 않다. 머피 법칙의 양대 원칙은 좋지 않은 일이 반복해서 일어난다는 것, 그것도 같은 사람에게 반복해서 불행이 일어난다는 것이다. 머피의 법칙을 자주 인용하는 사람들은 대부분 자신의 잘못이나 무지, 게으름 때문에 모든 일이 잘 안 되었음에도 자신은 언제나 하는 일마다 재수가 없다며 그 핑계를 머피에게 돌려버리곤 한다. 이른바 자신이 하면 로맨스이고 남이 하면 불륜이라는 식과 다를 바 없다.

우리 주위에는 보통 사람들은 상상조차 못할 정도의 엄청난 시련과 고통을 이겨내고 자신의 분야에서 경지를 이룩한 많은 사람들이 있다. 특히 지난 경제위기 속에서 자신만을 쳐다보는 직원들의 눈망울을 떠올리며 회사를 부도 직전의 위기에서 건져 올린 이 땅의 중소 CEO들의 심정도 절대 그에 못지않을 것이다. 그들은 자신의 불행한 삶 속에서, 또는 절박한 상황 속에서 수없는 머피와 맞닥뜨렸을 것이다. 그러나 그들은 자신의 인생에 대해 절대 흔들리지 않는 긍정적 자세와 불굴의 노력을 통해 머피의 법칙을 이겨내고, 결국 인생 전체를 샐리의 법칙으로 바꿔나간 사람들이다.

　속 좁은 우리 인간의 마음속에는 누구나 머피와 샐리가 동거하고 있다. 이러한 이중적 속성은 개인이나 조직도 마찬가지다. 불안감, 회의감, 도전 회피 의식 등은 머피의 또 다른 이름이다. 미래를 두려워하거나 소심한 자세로는 밀려드는 변화의 삼각파도를 이겨낼 수 없다. 우리는 살아가면서 수없이 초대하지 않은 머피를 맞이할 수 있지만 자신의 생각과 태도, 그리고 빛나는 삶의 의지에 따라 얼마든지 샐리로 바꿀 수 있다. 이제부터라도 그동안 자주 보았던 바쁜 머피보다는 느긋한 샐리를 자주 만날 수 있는 편한 마음과 긍정적 자세를 가져야 하겠다. "운명은 용기 있는 사람에게는 약하고, 비겁한 사람에게는 강하다." 철학자 세네카Seneca의 말이다.

09

세 마리 토끼를 잡아라

흔히 인용되는 비유 중에 '두 마리 토끼를 잡는다'는 말이 있다. 여기서 두 마리 토끼란 서로 양립될 수 없는 문제를 가리킨다. 토끼란 동물이 유독 의심이 많고 어디로 뛸지 모르는 속성에서 붙인 말이라 보인다. 경영학에서는 이를 두고 딜레마, 갈등 또는 모순paradox이란 말로 표현하고 있다.

오늘날 대표적인 정책 어젠다agenda로는 지난 정권에서 격렬하게 논쟁했던 성장과 분배, 개발과 환경 문제를 들 수 있다. 공공기관의 미션인 공익성과 수익성의 조화도 영원한 딜레마를 가진 문제다. 개별 기업의 경영 현장에서도 이러한 문제는 상존하고 있다. 가격을 내리고 품질은 올려라, 대출을 증가시키되 안전하게 하라, 임금은 동결하고 생산성은 올려라 등등 일견 말도 안 되는 것 같은 모순된 명제가 쌓여가고 있다. 여기서 이 명제들이 동시에 잡을 수 없는 두 마리 토끼라 인식하는 사람들은 그 토끼의 정체, 두 마리의 관계, 새로운 종의 결합 등의 문제들을 풀기는커녕 시도조차 할 수 없을 것이다. 그래서 어떤 이들은 이 문제를 자신의 업보라고까지 생각하기도 한다.

사실 역사란 한마디로 모순을 극복하는 과정이라 볼 수 있다. 독일 철학자 헤겔의 변증법 원리에 따라 '정正'과 '반反'이란 두 마리 토끼를 '합合'이라는 생각의 무기로 잡아온 것이 바로 역사다. 게다가 모든 것이 너무나 복잡해져버린 현대에 이르러서는 토끼 한 마리가 더 늘어났다. 경제정책의 세 마리 토끼는 금리, 환율, 무역수지다. 경영에 있어선 매출, 이익, 고객만족도가 그것이다. 골프를 보아도 드라이버, 아이언, 퍼팅의 세 마리를 동시에 잡지 못하면 좋은 결과를 기대할 수 없다.

우선 '토끼 두 마리 잡으려다가 한 마리도 못 잡는다' 라는 생각의 늪에서 빠져나와야 한다. 두 마리를 잡으면 세 마리는 오히려 쉬울 수 있다. 그 예로 대표 은행이지만 2009년 이후 실적의 건전성과 수익성 측면에서 시중 은행 못지않은 성적표를 받은 기업은행의 경우를 들 수 있다. 민간 비즈니스에서는 더 다양한 사례들이 있다. 예를 들어 검색엔진을 보면 우리나라를 대표하는 업체들은 광고 배너가 먼저 뜬다. 그런데 구글의 첫 페이지엔 광고가 전혀 없다. 사용자가 원하는 단어를 입력하면 그때 관련 업체 정보가 뜨는 구조다. 검색 속도가 빨라지는 것은 물론이거니와 어차피 그 단어에 관심이 있는 사람이니만큼 바로 연결될 가능성이 훨씬 높다. 매칭 성공률이 높아 광고료도 높다. 따라서 검색자-검색 업체-광고 업체 3자 모두가 만족하는 win-

win-win 구조라 할 수 있다. 결국 세 마리 토끼를 다 잡은 사례다.

우리는 과거의 토끼 사냥술에 대한 근본으로 되돌아갈 필요가 있다. 생각을 바꾸지 않는 한 토끼는 계속 늘어나게 되어 있다. 여기서 필요한 것은 바로 창의성이다. 창의(정신)에 실행(행동)이 더해질 때 비로소 창조(결과)가 이루어진다.

최근 창조경영이 각광을 받으면서 문제를 창조적으로 해결하는 방법론에 스포트라이트가 쏟아지고 있다. 대표적인 것이 바로 'TRIZ' 다. 이것은 러시아 과학자들이 만들어낸 것으로서 개념 디자인에 적용해온 오래된 방법론이다. 모순, 갈등에 대한 근본적 분석을 통해 대안을 찾고 시간, 공간, 부분과 전체, 그리고 조건(상황)의 분리라는 4가지 원리를 구사하여 새로운 생각의 발명을 유도하는 것이다. 이제는 'Business TRIZ' 라 하여 기업 경영에도 본격 도입되어 실제로 많은 성공 사례를 생산하고 있다.

욕심을 부려 한꺼번에 여러 가지 일을 하려 하면 하나도 이루지 못한다는 말은 맞는 이야기다. 그렇다고 해서 요즘 같은 하이테크 시대에 옛말만 신봉하여 새로운 시도조차 하지 않는 것은 일종의 패배주의이며 창조성에 대한 도전이다. 재미있는 것은 '토끼도 세 굴을 판다' 는 북한 말이다. 제 방귀에 놀란다고 하는 토끼마저 안전을 위하여 여러 가지 방도를 세워둔다는 것이다. 세 마리 토끼는 없다. 다만 우리가 그것을 세 마리라 부르고 있을 뿐이다.

3부

들어야 할 3가지 소리

– 리더십의 비밀

기업 경영은 종종 버스 운전에 비유된다.

우리네 인생처럼 기업 경영도 그 목표 지점인

종착역을 향해 달려가는 버스 여행에 다름 아닌 것이다.

이때 가장 중요한 것은 운전사의 역할이다.

기업의 입장에서 보면 운전사는 바로 CEO를 비롯한 경영진이다.

아무리 그 버스가 최고급 첨단으로 설계되었다고 해도 운전사가 무면허이거나

음주운전, 난폭운전을 한다면 그 버스의 운명은 뻔하다.

01

리더십은 가르칠 수 없다

예로부터 동양에서는 '공을 세운 자에게는 상을 주고, 덕이 있는 자에게는 벼슬을 주라'고 하면서 지위가 높은 자일수록 그 덕성을 강조해왔다. 이러한 분위기는 우리의 기업 경영에도 연결되어 사실상 업무 추진 능력보나는 사신을 이해해주고 직원에게 아량을 보이는 상사를 리더로 따르는 것이 흔한 일이 되어왔다. 그러나 치열한 글로벌 경쟁의 현장에서는 이런 '큰형님' 타입의 리더보다는 뚜렷한 목표를 세우고 이를 강력히 추진해가는 '혁신가' 타입의 리더가 절실하다고 하겠다. 사람이 좋다는 것과 경영을 잘하는 것은 전혀 다른 차원의 일이기 때문이다.

리더십에 대한 우리의 무의식 속에 들어 있는 잘못된 고정관념들은 다음과 같다.

첫째, 리더는 길러지는 것이 아니라 태어나는 것이다.

둘째, 훌륭한 리더는 강력한 카리스마가 있어야 한다.

셋째, 리더십은 조직 내 시스템으로 평가할 수 없는 개인적 속성이자 역량이다.

이에 대해 일찍이 피터 드러커 교수는 "리더십은 리더십의 질이나 카리스마와는 관계가 없다. 리더십은 신비로운 것이 아니며, 핵심은 그 성과에 있다"고 갈파했다. 또한 GE의 전 회장 잭 웰치Jack Welch는 "리더십은 지위의 문제가 아니다. 위에서 내려다본다고 리더십이 생겨나지는 않는다. 그것은 사람들과 동등한 위치에서 함께하면서 방향을 이끌어가는 것이다"라고 말했다.

Leadership is not something you do to people.

It's something you do with people.

서양의 리더십 이론 연구의 출발은 1920년대 미국 육군에서 비롯되었다. 어떤 장군은 전쟁에서 이기고 어떤 장군은 지는데 그 차이는 과연 무엇일까라는 의문에서 연구가 시작되었고, 이는 근래에 이르러 각자가 리더십이 있어야 한다는 셀프 리더십 이론으로까지 발전되었다. 이와 관련해 미국의 국가품질상인 말콤볼드리지 국가품질상의 심사 기준이 가장 먼저 기업 경영의 핵심 동력으로서 리더십 품질을 평가하고 있음은 주지의 사실이다. 흥미로운 점은 조직의 리더십을 어떤 특정한 사람의 속성이 아니라 구체적으로 이를 발휘하는 시스템적 관점에서 평가하고 있다는 사실이다.

한편 시대가 변화함에 따라 리더에게 요구되는 리더십 소재도 변하고 있다. 현재 각 선진국에서 리더십과 관련된 주요 이슈는 빠른 세대교체와 함께 리더에 대한 평가 기준의 변화다. 즉, 기존의 성실함을 더욱 강조하는 것이 아니라 겸손하면서도 목표를 달성할 수 있는 문제 해결형 리더를 요구한다. 역시 정답보단 해답이 방향이다. 특히 21세기 디지털 시대, 글로벌 시대의 리더는 기존의 논리적이고 조직적인 좌뇌형左腦型 타입보다는 이른바 '감성지능Emotional Intelligence(EI)'이 높은 우뇌형右腦型의 창조적 타입이 바람직하다고 한다.

미래의 경영자는 명확한 철학과 비전, 목표를 제시하고 이를 달성하기 위한 구체적 전략 하에 모든 변화를 주도하고 가치를 전파해나가는 경영 전도사가 되어야 한다. 결국 리더십은 전략적 사고 및 문화적 역량(또는 커뮤니케이션)과의 함수로서 리더십$_L$ = 전략$_S$ + 문화$_C$로 요약될 수 있다.

중요한 점은 진정한 리더십이란 자신이 하는 것이라기보다는 다른 사람이 하게끔 만드는 것이라는 사실이다. 여기에 리더leader와 매니저manager의 차이가 있다. 요컨대 열심히 하는 사람이 매니저라면 열심히 하게끔 만드는 사람이 리더인 것이다. 아메리카온라인America OnLine(AOL)의 스티브 케이스 전 회장은 "나는 만능 경영인이 되기보다는 아무것도 하지 않아도 되는 CEO가 되고자 한다"고 말했다. 전국시대 최고의 브레인 한비자는 임금 앞에서조차 "부하 한 사람 한 사람의 능력을 제대로 발휘시키면 위에 선 사람은 할 일이 없어진다. 위에 선 사람이 능력을 발휘하면 오히려 일이 제대로 되지 않는다"라고 했다. 심지어 영국 전 수상 벤저민 디즈레일리Benjamin Disraeli는 "진정한 리더는 따라가는 사람이다"라고까지 말했다.

경영에 정답이 없듯이 최고의 리더십 모델이나 황금 법칙은 없다. 불확실한 미래 속으로 사람들을 이끌어가려면 모두가 실감할 수 있는 비전과 목표를 제시하고 솔선수범을 통해 그들 한가운데에서 온몸으로 함께하는 것이 중요하다. 그리하여 직원들로 하여금 스스로 최대의 능력을 발휘케 하는 것이다. 결국 지장智將도 덕장德將도 아닌 명장名將이 필요한 것이리라. 여기에 대해 4000억 달러 매출로 명실공히 세계 1위 기업에 오른 월마트의 창업자 샘 월튼Sam Walton은 《샘 월튼의 10가지 법칙The 10 Rules of Sam Walton》에서 "성공하고 싶다면 직원들이 리더를 위해 일하는 것이 아니라 리더가 자신을 위해 일한다고 느끼도록 해야 한다"는 명언을 남겼다.

경영이 교과서 줄긋기가 아니듯 리더십 또한 우아한 개념적 문제나 '나를 따르라' 같은 선언적 테마가 아니다. 이는 생생한 현실적 문제이자 전략적 테마다. '최고의 리더는 최고의 커뮤니케이터communicator다'라는 말에서 알 수 있듯이, 그것은 일방적 지시나 권위가 아닌 리더를 따르는 팔로어follower들과의 쌍방향 커뮤니케이션이다.

피터 드러커는 "리더십은 가르칠 순 없으나 배울 수는 있다"고 했다. 아무나 리더가 될 수는 없겠으나 그렇다고 리더가 될 수 있는 사람이 정해져 있는 것도 아니다. 리더십이란 머리와 가슴이 합쳐져야 하며 이를 말이 아닌 행동으로 보이고 실천할 때 비로소 얻을 수 있다. 특별한 사람들만이 가질 수 있는 선천적 자질이나 신비로운 권위는 더더욱 아니며, 그 자체로서 전문적인 하나의 업무이자 책임이다. 그리하여 리더십은 오직 그 성과로 평가된다. 리더의 헌신과 노력이야말로 궁극적으로 고객과 직원의 감동을 이루어낸다. 그리고 그랬을 때 비로소 경영은 예술적 차원에 이르게 된다.

02

경영은 한국 야구처럼 하라

봄에는 벚꽃이 핀다. 아름다운 벚꽃의 향기에 마음껏 취하고 싶은 계절이다. 흔히 벚꽃은 일본의 국화國花로 알려져 있으나 사실 일본의 국화는 국화菊花, Chrisanthemum다. 마찬가지로 우리의 국화는 무궁화이지만 우리 민족이 사랑하는 꽃은 진달래다.

한편 한국인을 대표하는 고전 소설은 역시 《춘향전》이다. 가족주의로 상징되는 한국인의 키워드는 효孝다. 우리 사회를 컴퓨터에 비유한다면 효야말로 윈도우 OS에 해당된다. 우리와 달리 중세 봉건영주 시대를 겪은 일본은 집단주의가 근간이며 키워드는 충忠이다. 그래서 일본을 대표하는 고전 소설은 《주신구라忠臣藏》다. 이는 47인의 무사들이 모여 과거 주군이 받은 수모를 복수하고 집단자결한다는 실화를 토대로 하고 있다.

양국의 이러한 근본적인 차이는 기업 경영에도 그대로 이어져왔다. 경영이란 것이 결국은 인간 연구이자 문화적 산물이기 때문이다. 한국의 재벌이 일본의 재벌 시스템을 모방했지만 그 운영은 일본과 달리 그 가족들이 맡아서 하는 구조인 것도 바로 이러한 문화적 전통의 차이에서 비롯되었다.

일본 직장인을 사축社畜이라 부를 정도로 일본식 경영은 조직의 안정과 충성을 기본으로 한다. 이러한 의미에서 일본식 경영은 럭비에 비유되어왔다. 럭비는 개인기보다는 리더의 지시에 따라 움직이는 일사불란한 팀워크의 경기다. 이에 따라 조직의 단결력은 매우 높으나 개인의 창의성이나 개인기는 약한 것이 단점으로 지적되고 있다. 그 중심에 미국의 GM을 제치고 세계 1위로 등극한 도요타가 있다. 비록 2010년 전 세계적인 리콜 사태로 홍역을 치르긴 했지만 도요타의 위상은 결코 무시할 수 없는 존재다. 그 밖에도 우리가 '일본은 없다'라고 해서는 안 되는 이유는 너무나 많다.

서구를 대표하는 미국 경영은 야구에 비유된다. 야구 경기는 개인마다 포지션이 있는 과학적 경기이며 감독의 전략과 선수들의 개인 기량이 큰 영향을 미친다. 마이크로소프트와 인텔이 그러하다. 자신이 속한 프로팀이 경기에 져도 스타 플레이어들은 더 많은 몸값을 받고 다른 구단으로 쉽게 이적하곤 한다. 역시 조직보다는 개인이 우선되는 미국식 경영 풍토에 기인한다.

이에 따라 럭비형 경영의 단점과 야구형 경영의 단점을 상쇄하고 양 방식의 장점만을 결합한 것이 모든 경영 방식의 꿈이었다. 요컨대 개인기도 뛰어나며 팀워크도 강한 모델이 그것이다. 경영학 분야에서는 이를 두고 동양식 협력cooperation 모델과 서구식 경쟁competition 모델을 결합한 'coopetition'이라는 말을 만들어내기도 했다. 그에 따라 만들어진 스피디하고 강한 조직 단위가 바로 팀team이란 제도다. 팀 간에는 피 터지는 경쟁을 하지만 팀 내에선 긴밀한 협력 시스템이 작동하도록 설계된 메커니즘이기 때문이다.

해방 이후 우리나라의 근대 기업 경영은 일본식 경영의 모방에서 시작되었다. 그 결과 우리 기업들의 경영 방식은 사장, 부장, 대리 등 직명에서부터 내부 경영관리에 이르기까지 오랫동안 일본형 경영 방식에 맞춰온 것이 사실이다. 그 후 우리는 IMF 사태를 계기로 소위 글로벌 스탠더드라는 비싼 수업료를 치르며 급속히 미국식 경영에 커다란 영향을 받게 되었다. 반세기를 유지해온 연공서열 제도가 아닌 능력제, 실적급, 팀제, 성과평가 등 조직의 문화보다는 개인의 능력을 우선시하게 된 것이다. 일본식 경영에 젖어 있던 우리로서는 매우 생소하고 거북한 일이 지난 10년에 걸쳐 급속히 전파되었고 그 와중에서 조직생활의 아픔을 겪는 이들도 급속히 늘어났다.

지난 2006년 미국 캘리포니아 애너하임 에인절 스타디움에서 열린 월드베이스볼클래식wBC 본선에서 기적이 일어났다. 우리 한국의 야구 대표팀이 일본을 연파하고 야구의 종주국이자 세계 최고의 실력을 자랑하는 미국 대표팀을 이겨낸 것이다. 축구에 비유한다면 우리가 브라질을 이긴 것과 다름없는 일이다. 한국 선발진 10명의 연봉은 미국 선발진의 연봉 879억 원의 불과 20분의 1밖에 되지 않는 수준이었다.

보기에 따라 WBC 야구 경기는 사실상 월드컵 축구보다 훨씬 더 값진 의미가 있으며, 경영학적으로도 매우 흥미로운 시사점을 던지고 있다. 원래 경영의 3박자는 전략, 시스템, 문화다. 이를 지난 WBC 경기에 적용하면 우선 무엇보다 '재활공장장'이라는 별명을 가진 김인식 감독의 신뢰의 리더십을 중심축으로 투수 교체와 타선 정렬 등 정교한 전략이 있었고, 선동열 등의 코칭 시스템, 박찬호를 비롯한 해외파와 국내파들의 의기투합 및 단결이 있었다. 기업 경영이라는 차원에서 볼 때 가장 완벽한 수준을 보여주었다고 할 수 있다.

이는 앞서 언급한 세계 경영 방식의 양대 산맥이라 할 일본식 경영과 미국식 경영의 단점을 극복하고 모든 경영의 이상적인 모델을 세계에 제시한 것이라 할 수 있다. 만약 경영에 올림픽이 있다면 단연 금메달 감이 아닐 수 없다. 이후 우리나라 대표팀은 2008년 베이징 올림픽 금메달, 2009년 WBC 준우승에 이르는 쾌거를 이루었다.

이는 기업 경영으로도 이어졌다. 반도체, 모바일, 디스플레이, 조선, 철강, 자동차 등 주요 업종에서 이미 우리는 세계적 수준에 오른 기업을 상당히 보유하고 있다. 2011년 7월 미국 경제 전문지 〈포춘〉이 선정한 '세계 500대 기업'에서 22위를 기록한 삼성전자(매출액 1337억 달러, 아시아 기업 중 6위)를 필두로 우리나라 기업은 총 14개가 순위권에 올랐다. 현대자동차(974억 달러)는 55위로 지난해보다 23계단 상승했다. SK(784억 달러)는 82위, 포스코(524억 달러)는 161위를 각각 기록했다. 아시아 국가 중에서는 전체적으로 약세를 보인 일본 기업들에 반해 중국 기업의 약진이 두드러졌다.

이제 우리 기업도 더 이상 남의 흉내만 내거나 배우기만 하는 시대는 지났다. 2011년 칭기즈칸도 못 이룬 프랑스 파리 입성을 했다는 K-Pop 가수들처럼 이제 자신 있게 한국 경영 방식K-Management Way을 세계에 알리고 전파하는 일도 중요하다고 보인다. 연예인들이 만든 한류 열풍, 축구인들이 만든 세계 4강……, 야구 선수들이 해낸 일을 기업인들이라고 왜 못하겠는가?

03

들어야 할 3가지 소리
– Three Voices

'모든 리더leader는 리더reader다' 라는 말이 있다. 엄청난 변화를 따라가기 위한 지속적 학습의 중요성을 강조한 말일 것이다. 그러나 더욱 중요한 것은 바로 듣기listening다. 과학적 연구에 따르면 우리 인간은 깨어 있는 시간의 70퍼센트 정도를 타인이나 외부와의 커뮤니케이션, 즉 의사소통에 사용하고 있다. 전체 의사소통의 비중을 보면 무엇보다 듣기가 절반가량을 차지하고 있으며, 나머지 35퍼센트가 말하기이고 그 다음으로 쓰기와 읽기 순이라고 한다.

옛날 군왕이 알아야 할 국가 경영의 원리와 반드시 행해야 할 핵심 사항 등에 관한 내용을 가리켜 성학聖學이라 한다. 현대판 기업 경영의 사장학社長學인 셈이다. 여기서 '성聖' 이란 글자는 바로 제왕을 나타내는 말이다. 글자를 풀어보면 임금은 입口보다 귀耳를 우선해야 한다는 뜻이다. 결국 리더는 말하는 것보다는 주위의 이야기를 듣고 사정을 헤아리는 것이 매우 중요하다는 말이다.

기업 경영은 종종 버스 운전에 비유된다. 우리네 인생처럼 기업 경영도 그 목표 지점인 종착역을 향해 달려가는 버스 여행에 다름 아닌 것이다. 이때 가장 중요한 것은 운전사의 역할이다. 기업의 입장에서 보면 운전사는 바로 CEO를 비롯한 경영진이다. 아무리 그 버스가 최고급 첨단으로 설계되었다고 해도 운전사가 무면허이거나 음주운전, 난폭운전을 한다면 그 버스의 운명은 뻔하다.

한편 기업의 종업원은 버스의 엔진, 즉 조직의 역량에 해당되며, 고객과 시장 정보는 연료에 해당한다. 주행거리에 따라 연료를 계속 주입해야 하듯이 고객과 시장에 대한 정보는 계속 새롭게 공급되어야 한다. 또한 목적지까지 가기 위한 정교한 지도는 기업의 전략에 해당하며 가는 경로는 기업의 업무 프로세스에 해당한다. 자격 있는 운전사라면 이러한 요소를 모두 갖추고 승객을 빠르고도 안전하게 모셔야 한다.

여행에서 선택한 목적지(전략 목표)까지 확실하게, 그것도 경쟁사 버스보다 늦지 않게 도착하기 위해서는 운전대를 잡은 사람이 반드시 들어야 할 목소리voice가 있다. 그것은 바로 고객의 소리voc, 직원의 소리voe, 그리고 업무 프로세스의 소리vop다.

첫째, 기업 경영에서 무엇보다 중요한 것은 자신의 고객customer들이 원하는 바를 바로바로 파악하는 일이다. 이제 웬만한 기업치고 고객만족도 조사를 안 하는 곳은 거의 찾아보기 어렵다. 이러한 고객의 소리는 해당 기업에 중요한 경영 정보이자 자산이 되고 있다. 자사 제품(서비스)에 대한 호감, 칭찬은 말할 것도 없거니와 그와 관련한 불만 제기 또한 소중한 것으로서 고객의 문제 제기가 아니어도 따로 비용을 들여 조사를 해야 한다. 이제 불만, 불평 고객은 부분적으로는 직원의 역할 도 하는 회사의 중요한 자산으로 인식되어야 한다. '만족한 고객은 우리의 적이다'라는 말은 이를 역설적으로 표현한 것이다. 고객만족에 대한 전문 연구기관인 미국 TARP 조사에 따르면, 불만 고객의 단 4퍼센트만이 자신의 불만을 제기한다고 한다.

빙산처럼 수면에 나타나지 않는 나머지 문제점들을 끈질기게 파고 들고 해결해나갈 때 진정한 고객만족 경영Total Customer Satisfaction(TCS)에 다가갈 수 있다. 따라서 기업은 온라인, 오프라인 할 것 없이 모든 채널 을 동원하여 이러한 고객의 니즈와 불만 등을 리얼타임으로 수집하고 분석하는 체제를 갖춰야 한다. 이것이 마케팅의 기본이다. CRM 등 각 종 마케팅 시스템에 의해 분석, 파악된 고객의 소리는 경영 목표 설정 에서부터 신제품 개발, 내부 프로세스 혁신에 이르기까지 경영 활동의 생생한 근거이자 밑거름 역할을 할 것이다.

둘째, 기업은 직원employee의 목소리에 귀를 기울여야 한다. 직원은 '최초의 시장first market'으로서 고객보다 그 조직의 내부 사정에 밝다. 기업의 최고 자산인 직원들의 의사와 요구는 직원 만족도 조사 등을 통해 지속적으로 파악되어야 하며 그 결과를 경영에 반영해야 한다. 내부 고객으로서 직원의 불만족은 바로 외부 고객의 불만족으로 이어지기 때문이다.

마지막으로 기업은 프로세스process의 소리에 집중해야 한다. 고객을 만족시키기 위한 업무 흐름이자 작업 체계인 프로세스를 지속적으로 개선하고 혁신하고자 하는 노력만큼 중요한 것도 없다. 그동안 국내 기업 현장에서 가장 인기를 끌었던 혁신 기법인 식스시그마도 이러한 업무 프로세스의 획기적 개선을 겨냥한 것이다. 요컨대 조직의 내부 프로세스에 귀를 기울여 일하는 방식을 지속적으로 개선해나가지 않는다면 그 조직의 경쟁력은 순식간에 저하되고 만다.

이러한 3가지 소리는 따로따로 존재하는 것이 아니라 서로 긴밀하게 연관되어 있다. 사실 경영이란 이 소리들을 어떻게 파악하고 그 진실을 이해할 것인가에 관한 문제라고 해도 과언이 아니다. 결국 경영자들이 이 3가지 소리만 제대로 듣는다면 일단 안전운전에는 큰 문제가 없을 것이다. 문제는 그러한 소리를 지속적으로, 그리고 제대로 듣고자 하는 조직의 마음 자세다. 높은 성과를 실현한 CEO들의 공통적 특징을 보면 그들은 항상 부하직원의 충고를 구하고, 다른 사람의 이야기를 경청하는 특성을 동시에 가지고 있다는 것이다. 경청이야말로 두 귀로 남을 설득하는 기술이다. 우리가 귀는 2개, 입은 하나인 이유 역시 듣는 일이 중요하다는 조물주의 뜻이리라.

04

CEO의 4가지 역할

몇 년 전 한 언론이 실시한 '국내에서 가장 영향력 있는 집단은 무엇인가?' 라는 조사에서 기업의 CEO가 1위로 뽑혔다고 한다. 한국 경제에 대해 뒤틀린 자본주의라는 평가 내지 반反기업 정서에 대한 우려 등 부정적 측면이 없는 것은 아니지만, 그래도 대중은 역시 기업의 역할과 비중을 가장 크게 인정하고 있다는 결과로 보인다. 아무리 정치가의 역할이 중요하다고 해도 결국 일자리와 쌀밥을 만들어내는 것은 기업일 수밖에 없다.

실제 기업 경영 현장에서도 CEO의 영향력은 매우 강력하다. 어떤 이는 기업의 가치가 1000냥이라면 CEO의 가치는 900냥이라고도 한다. 실제로 CEO 1인의 결단과 판단에 따라 기업 전체가 생과 사의 능선을 넘나드는 것이 다반사다. 그러다 보니 변화와 혁신의 파고가 거센 오늘날에는 그 어느 때보다도 CEO의 역할과 사명에 대한 사회적 기대가 높아지고 있다.

한편 웹 3.0 시대로 대표되는 오늘날에는 소비자가 생산자의 역할prosumer을 겸하고, 전문가 같은 아마추어proteur가 수없이 생겨나고 있으며, 정보에 강한 욕망을 가진 사람들infolust이 날로 증가하고 있다. 따라서 전문적 능력과 커뮤니케이션 파워를 겸비한 실무자 집단의 파워는 날로 거세지는 반면 기존 CEO의 강력한 권위는 반대로 줄어들고 있는 추세다. 유명한 스위스 다보스포럼에서조차 전 세계 대부분의 사회적 역학 관계에서 작용하는 힘power이 외부적으로는 회사에서 고객으로, 내부적으로는 경영진에서 실무자로 옮겨가고 있다는 점에 공감하고 있다. 실제로 최근 자동차회사의 신차 출시 홍보회 초청 대상자가 신문기자가 아닌 자동차 분야 전문 파워블로거로 대체되고 있다는 사실은 이미 놀라운 일도 아니다.

일찍이 피터 드러커가 예측한 기업의 미래를 인용하지 않더라도, 이제 새롭게 전개될 세상에서는 과거와 같은 단순한 도식이나 단지 높은 자리를 차지하고 있는 데서 나오는 힘과 권위만으로는 정교한 기업의 성공적인 항해를 보장하기가 어렵다. 명령과 통제로 역할을 수행하는 시대는 지났으며, 창조와 혁신을 통한 가치 창출 여부가 관건이 되었다.

'CEOChief Executive Officer' 라는 의미는 원래 기업의 최고집행임원을 의미하는 것이었다. 이 말은 권한과 의무를 강조하는 정의다. 그러나 세월의 변화는 CEO의 의미까지도 변화시키기에 이르렀다. 새로운 CEO의 의미에 대해서는 '4E'로 요약해볼 수 있다.

- Chief **E**ntertainment Officer

- Chief **E**thics Officer

- Chief **E**ducation Officer

- Chief **E**nvironment Officer

첫째, 새로운 CEO는 'Chief Entertainment Officer'가 되어야 한다. 무엇보다도 CEO는 직원을 즐겁게, 그리고 고객을 즐겁게 하는 사람이 되어야 한다. 만족한 직원이 만족한 고객을 만들기 때문이다. 펀 경영의 확산에서 보듯이 이제 즐거움은 기업 경영에서 매우 중요한 전략적 요소로 부상하기에 이르렀다. 즐거움은 인간의 잠재 능력을 최대한 이끌어내는 열쇠로, 혁신 피로가 이슈화되고 있는 국내 상황에서는 더욱 절실하다고 할 수 있다.

둘째, 새로운 CEO는 'Chief Ethics Officer'가 되어야 한다.

경영의 지속 가능성이 중시되고 기업의 사회적 책임이 집중 조명되는 요즘, CEO는 무엇보다 투명하고 맑은 윤리경영의 전도사가 되어야 한다. 윤리를 뒤집으면 이윤이 되듯이 윤리 없는 이익은 없다.

셋째, 새로운 CEO는 'Chief Education Officer'가 되어야 한다. 경제의 소프트화가 진행되면서 서비스업의 비중이 크게 증가하고 있다. 또한 새로운 기술의 발전과 사회적 변화가 날로 거세게 몰아닥치고 있다. 이런 상황에서 학습조직의 중요성은 마무리 강조해도 지나치지 않다. 내부 직원의 역량을 강화하고 기업의 IQ를 높이는 길만이 미래 변화에 적응하고 생존을 보장할 수 있는 무기일 것이다. 최근 국내 대부분 기업에서 교육훈련 투자가 크게 일고 있는 것은 이러한 흐름을 반영한다.

넷째, 새로운 CEO는 'Chief Environment Officer'가 되어야 한다.

제프리 이멜트 GE 회장의 'Green is green(환경은 달러다)'이란 말에서도 나타나듯이 글로벌 경제에서 환경 요소는 비즈니스의 핵심이 된 지 오래다. 향후 환경은 새로운 경제 규칙으로 등장할 것이며 여기에 적응하지 못하는 기업은 도태될 것이다. 이제 업종을 불문하고 CEO는 환경경영의 전략적 구사를 기본으로 삼아야 한다.

05

비전은 꿈이 아니다

많은 사람들의 어릴 적 꿈은 대통령이 되는 것이었다. 그러다 점점 나이가 들면서 하나씩 포기하고 점점 구체적인 모습을 그려나가게 된다. 결국 인생이란 '포기와 집중'으로 요약된다. 자신과 맞지 않는 것, 될 수 없는 것들을 포기하는 과정을 통해 비로소 자신의 미래가 보인다. 요새 선택과 집중이란 말이 유행이지만 사실은 포기한 자만이 선택할 수 있는 법이다.

기업의 '비전vision'도 마찬가지다. 아직도 적지 않은 기업들이 무슨 소리인지 모를 황당한 간판을 걸어놓고 직원들에게 비전이라며 목에 걸어주고 있다. '세계 초일류 기업의 창조'와 같은 식이다. 어렸을 적에는 "이담에 커서 훌륭한 사람이 될 거예요"라고 말할 수 있지만 성인이 되면 "10년 내 유명한 외과의사가 되겠다"는 식으로, 보다 구체적이고 손에 잡히는 비전을 내세워야 한다. 비전은 꿈이 아니며 미래에 맞이할 자신의 구체적인 모습이다. 마케팅의 아버지라 불리는 필립 코틀러Philip Kotler 교수는 "제대로 만들어지지 않은 비전은 아예 없는 것보다 못하다. 이를 따르게 하는 것은 사람들을 벼랑 끝으로 모는 것과 같다"고 말했다.

세계 유수 기업들의 비전에서 볼 수 있는 공통점은 'BHAGBig Hairy Audacious Goal(크고 대담하며 도전적인 목표)'로 요약된다. 이는 무엇보다 미래에 대한 생생한 묘사를 바탕으로 각 기업의 특성을 반영한 다양한 형태로 표출된다. 이익 창조를 목표로 하는 기업은 자신의 업業을 나타내는 미션mission 하에 그와 관련된 미래 비전과 핵심 가치Core Value를 설정하고 이를 달성할 수 있는 실행 전략을 수립, 전개함으로써 그 구체적인 목표를 달성한다.

1940년대 샌프란시스코에서 창업자의 이름을 따서 세워진 스탠퍼드 대학의 비전은 '서부의 하버드대학이 되자'였다. 누구나 알아들을 수 있는 단순 명료한 비전이 아닐 수 없다. 과거 월마트의 비전인 '2000-2000(2000년까지 점포 2000개)'도 마찬가지다. 지난 9 · 11 테러 당시에도 손님이 줄지 않았다고 하는 미국 사우스웨스트항공은 엄격한 비용관리와 생산성 극대화를 통한 저가 요금을 무기로 미국 제4위 항공사로 부상했다. 이 회사는 알고 보면 회사 전체가 전략 덩어리다. 펀 경영으로도 유명한 이 회사의 전략 슬로건은 '택시 요금으로 비행기의 스피드를 즐기세요'인데 일단 매우 쉽고도 재미있다.

'엘리베이터 피치'라는 말하기 기법이 있다. 이는 자신의 미래 비전을 5분 내로 설명해서 상대방의 흥미를 불러일으켜야 하는 화법으로, 단순 명료함의 중요성을 보여주는 좋은 사례다. 기업의 비전도 마찬가지다. 자신의 회사가 가지고 있는 비전이나 홍보 슬로건들이 복잡하거나 재미가 없다면 이제라도 다시 생각해봐야 한다.

국가의 경우도 마찬가지다. 주식회사 대한민국을 대표하는 비전은 무엇인가? 지난 시대 우리의 비전은 한마디로 '잘살아보세' 였다. 또한 그 목표는 '소득 1000달러, 수출 100억 달러' 였다. 역시 쉽고도 단순 명쾌한 비전과 목표라 할 수 있다. 이를 달성하게 만든 핵심 동력인 새마을운동의 정신과 내용들을 배우고자 매년 중국인을 비롯하여 수십만 외국인들이 한국을 찾아오고 있다.

한편 세계경제포럼의 국제경쟁력지수GCI 발표에 따르면 2008년 이래 한국의 국제경쟁력은 총체적으로 후퇴하고 있는 것으로 나타났다. 한국의 국가경쟁력 순위는 2007년에 세계 11위로 가장 높은 성적을 낸 후 2008년에는 13위, 2009년에는 19위, 2010년에는 조사 대상 139개국 중 22위로 3계단 낮아져 2008년 이후 3년 연속으로 순위가 하락했다.

또한 2011년 10월 세계 50개국을 대상으로 한 국가브랜드지수NBI 조사에서 한국은 전년 대비 3단계 올라선 27위를 기록했다. 영국의 사이먼 안홀트가 개발하고 유명한 시장조사기관인 GfK가 조사, 발표해온 국가브랜드지수는 대상국의 수출, 정부, 문화, 국민, 관광, 투자 · 이민 등 6개 분야에 대해 순위를 매긴 뒤 합산하는 방식으로 산출한다. 이번 조사에서는 미국이 전년도에 이어 1위를 유지했으며, 2위는 독일, 3위는 영국의 차지였다. 이어 프랑스, 일본, 캐나다, 이탈리아, 오스트레일리아, 스위스, 스웨덴 등이 Top 10을 차지했으며 중국은 22위였다. 무역 규모 세계 10위 강국이 되었다고 하지만 아직 갈 길은 멀기만 하다.

이제 우리에 필요한 화두는 선진화다. 선진화는 비단 경제적인 측면만을 의미하지 않는다. 오히려 10년 넘게 1만 달러의 덫에 빠져 있던 우리에게 필요한 것은 사회적, 문화적 성숙이며, 그것이 안 되면 경제적 총량의 증가는 한계가 있음을 이전 선진국의 사례들이 증명하고 있다.

지금 지구에는 친디아Chindia 열풍이 거세게 불고 있다. 그 한 축인 인도는 이를 인디나Indina로 바꿔 부를 정도로 경제성장의 탄력을 받고 있다. 국민들이 믿는 신의 수가 3000만 가지나 된다는 인도의 뉴델리 공항에 내리면 대뜸 'Incredible India'라는 글귀가 눈에 들어온다. 이것이 무슨 뜻인지는 귀국할 때쯤 알게 된다.

이렇듯 세계 모든 국가는 그 나름대로 자신의 정체성과 대표적 콘텐츠를 알릴 목적으로 자신만의 국가 슬로건(비전과는 다르지만)을 갖추고 있다. 세계 최고의 경쟁력을 구가하고 있는 싱가포르는 'Uniquely Singapore', 말레이시아는 'Malaysia, Truly Asia', 뉴질랜드는 '100퍼센트 Pure New Zealand', 브루나이는 'A Kingdom of Unexpected Treasures', 남태평양 피지는 'Tropical Gateway'다. 최근 유럽의 문제아에서 일약 세계 선진국으로 도약하고 있는 아일랜드는 'Live A Different Life'로 자신의 정체성을 표현하고 있다. 우리나라도 지난 2002년부터 'Dynamic Korea'라고 작명을 했는데 별로 아는 사람이 없다. 그 이유는 여러 가지가 있겠으나 무엇보다 내부 고객, 즉 우리 국민이 가장 원하는 콘셉트를 담지 못하고 있다는 느낌을 준다.

정신이 강해야 육체도 강한 법이다. PGA에서 프로 골퍼들의 실력은 그야말로 종이 한 장 차이다. IMF 당시 실의에 빠져 있던 전 국민에게 희망을 주었던 박세리의 연못 샷이 보여주었듯이, 결국에는 멘탈 싸움이다. 기업 전장에서의 승리 또한 그 기업의 정신력에서 결판난다. 이는 미션, 비전, 목표 등이 명쾌하고 그 가치 체계가 일관성을 이룰 때 비로소 달성된다. '강한 자가 이기는 것이 아니라 이기는 자가 강하다'는 말이 다시 한 번 떠오르는 대목이다.

06

장사꾼과 경영자

경제위기로 많은 사람들이 어렵다고 하는데 그 중심에 자영업자가 있다. 직장을 잃고 가장 쉽게 뛰어드는 분야가 음식점이다. 가장 많이 창업하지만 가장 많이 망하는 업종도 음식점이다. 음식은 사람들의 입으로 직접 들어가는 것이기 때문에 일반 공업제품과는 차원이 다르고 그만큼 매우 까다로운 분야다.

보통 음식점 성공 요인의 Top 2는 '맛'과 '친절'이라고들 한다. 맛만 좋으면 된다는 생각들을 하는데 실제로 들어가 보면 그렇지만은 않다. 스피드가 중요하다고 하지만 꼭 그런 것도 아니다. 고급 프랑스 레스토랑에서 주문하자마자 빨리 나온다면 미리 만들어놓은 것이 아니냐는 의심을 할 수도 있기 때문이다. 식당에서 음식을 먹고 지불하는 가격 중에 순수하게 음식물에 대해 내는 비용은 30퍼센트 정도로 보는 것이 정설이다. 나머지는 시설, 서비스, 분위기 등 음식 이외의 물리적, 심리적 요인 등이 포함된다. 이 모든 것이 합쳐져야 비로소 반복 고객 repeat customer, 즉 단골이 생기는 법이다.

사실 우리가 자주 쓰는 말 중에는 장사하는 사람들을 다소 천시하는 듯한 말들이 많은데, 이는 오래된 사농공상의 전통에다 돈 버는 일을 의식적으로 무시해온 유교적 분위기가 합쳐진 결과다. 장사하는 사람들을 가리켜 장사꾼, 심지어는 장사치라 부르는 일도 다반사다. '꾼'이란 말은 사기꾼, 노름꾼 등에서 볼 수 있듯이 매우 부정적이다. 특히 700만에 이르는 국내 자영업자들조차 자신을 장사꾼이라고 하는 한 국내 서비스업의 미래는 없다. 고객 입장에서도 '장사꾼'에게 물건이나 서비스를 샀다면 정말로 싸게 샀다고 해도 뭔가 개운치 않은 기분이 든다.

이러다 보니 우리 사회에는 장사하는 사람들이 어깨를 펴지 못하는 매우 잘못된 분위기가 존재한다. 비록 처음에는 자신을 낮추려는 겸손함에서 비롯되었다 치더라도 이것은 결코 바람직한 일이 아니다. 이에 반해 기업을 경영하는 사람들은 기업인이나 경영자, 나아가 성공한 사람에게는 기업가란 명칭이 붙는다.

여기에 덧붙여 오늘날 우리 사회에 만연한 심각한 문제를 들여다볼 수 있는 표현 중 하나가 바로 '공工'이란 단어다. '공'이란 말의 뜻이 원래 하늘과 땅을 연결시킨다는 엄청난 의미를 가진 말임에도 불구하고 최고 수준의 공대를 나온 공학 분야의 전문가들조차 자신을 '공돌이'라 부르는 일이 드물지 않다. 문제 해결형 엔지니어의 사회적 지위가 높은 실용주의 일본과 달리, 기름보다는 연필에 메리트를 주는 유교적 분위기가 강한 우리 사회의 인식, 정부의 근시안적인 교육 및 산업 정책, 법대와 상대를 나온 사람들은 CEO가 될 수 있어도 공대를 나온 사람들은 지위 상승에 한계가 있다는 선배들의 이야기들이 결합되어 이런 결과가 나온 것으로 보인다. 대학 진로 문제로 부모와 마찰을 빚는 고3 학생이 최후에 "그러면 저는 공대로 갈래요"라고 하면 부모가 항복해버린다는 이야기가 돌 정도로 제조왕국 한국의 내부는 무너져가고 있다. 공학도들에 대한 인식의 대전환과 정책적, 사회적 고려가 절실한 현실이다.

한편 지구상 수많은 민족 중에 장사의 고수를 꼽으라면 유대인, 중국인, 일본인을 친다. '오사카 상인 정신'으로 유명한 일본인은 장사를 '혼魂을 판다'고 하며, 실속을 중시하는 중국인들조차 '꽌시關係'라는 고객 관계를 가장 중요하게 생각한다. 또한 유대인은 '돈이 있는 곳에는 유대인이 있다'라는 말이 생겨날 정도로 전 세계에 막강한 영향력을 미치고 있다. 록펠러, 워렌 버핏, 빌 게이츠 등 유수의 경제인 중 다수가 유대인이라는 것은 주지의 사실이다.

탈무드에 나오는 유대인 장사법에는 '78 : 22 법칙'이란 게 있다. 정사각형을 그리고 이에 내접하는 원을 그리면 나뉜 면적의 비율은 정확히 78 : 22가 된다. 이것을 세상의 근본 원리라 보는 것이다. 유대인들은 전체 인류를 100으로 보았을 때 부자와 보통 사람의 비율이 22 : 78이라고 생각한다. 그러나 부자가 소유한 것과 보통 사람들이 소유한 것의 비율은 78 : 22로 그 반대다. 그렇기 때문에 그들은 돈을 많이 벌려면 돈

있는 사람을 타깃으로 장사를 해야 한다고 생각한다. 현대 경영에서 이미 보편화된 CRM의 핵심 개념도 바로 이런 철학과 그 맥락이 닿아 있다고 볼 수 있다. 유대인은 장사를 할 때 후리소매厚利小賣가 기본이다. 그들은 상품 하나를 판매해서 버는 이윤이 3개를 판매해서 버는 이윤과 같아야 장사의 고수로 친다. 대표적인 사례가 뉴욕 57번가의 티파니 보석상들이다.

반면 오랫동안 친족 공동체를 이루며 같은 마을에서 살아온 한국인들로선 박리다매薄利多賣가 원칙이다. 같은 장사를 하면서도 그 방법이 이토록 다르다. 세간에 '영업은 있으나 마케팅이 없다' 또는 '장사는 있는데 비즈니스가 없다' 라는 말들은 바로 오늘날 우리나라 자영업자들의 현실을 잘 보여주는 비유다. 최근 이슈가 된 재래시장과 기업형 슈퍼마켓SSM의 전쟁도 이러한 맥락에서 보면 시사하는 바가 크다. 일단 장사라 하면 물건이나 서비스를 파는 것인데 이런 발상으로 현대 고객의 세련된 입맛을 맞출 수는 없다.

한마디로 '장사' 에서 '경영' 으로 사고가 바뀌어야 한다. 음식을 파는 것이 아니라 가치를 팔고, 돈을 버는 것이 아니라 만족한 고객을 번다는 발상의 전환이 이루어져야 한다. 아무리 작은 가게나 식당이라 할지라도 이제는 장사꾼이 아니라 경영자 마인드를 갖춰야 하는 것이 오늘의 경제 상황이다.

07

경영의 한류를 만들자

한류 열풍에 아시아, 아니 전 세계가 뜨겁다. 먼저 인기 TV 드라마 〈겨울연가〉가 일본 여인들의 가슴에 불을 지피는가 싶더니 이어서 〈대장금〉이 중국에서 폭발적인 인기를 누렸다. 그 여파로 일본 광고업계에서는 브래드 피트와 같은 유명 할리우드 스타도 '욘사마'로 불리는 배용준 등의 한류 스타들에 밀려 맥을 못 추고 있다. 심지어 배용준 관련 상품이나 행사에 참가하는 비용이 가계에 미치는 영향을 나타내는 '용겔지수'란 신조어가 등장했을 정도다. 베이징에서는 편의점마다 대장금 코너가 설치되어 각종 한국 제품을 팔고 있으며, 엘리트 집단인 칭화대학 학생들 사이에서조차 70편에 달하는 〈대장금〉 내용을 모르면 거의 왕따가 되는 분위기였다고 하며, TV 방영 시간대에는 그 넓은 천안문 광장의 택시에 손님이 없어 기사들도 아예 손을 놓아버렸다고 한다.

이러한 열병은 대만, 홍콩, 말레이시아, 베트남 등 주요 아시아 각국 뿐 아니라 다른 대륙으로까지 번지고 있다. 이 바람에 우리 영화, 드라마, 노래는 물론이고 가전제품, 의류, 식품, 나아가 성형수술에 이르기까지 '한국산은 멋진 것이다' 라는 이미지가 확산되고 있다. 급기야 최근에는 세계 문화 대국이라 자부하는 프랑스에서조차 샹젤리제 거리 한복판에 소녀시대와 빅뱅을 환호하는 함성이 터져 나오기에 이르렀다. SM엔터테인먼트 이수만 대표의 "칭기즈칸이 못 이룬 것을 우리가 해냈다"는 말이 그다지 과장으로 들리지 않을 정도다. 유명한 빌보드 차트에 K-Pop 차트가 별도로 오를 정도로 이제 한국은 더 이상 '조용한 아침의 나라' 가 아니라 '재미있고 역동적인 나라' 가 되었다.

지난 몇 년간 중국을 비롯한 동남아 각국을 여행하며 느낀 이러한 세태의 본질에 대해 오히려 무지한 것은 바로 다름 아닌 우리 한국인이다. 도대체 우리에겐 그저 그런 스토리에 세계가 그토록 열광하는 이유는 무엇일까? 기분 좋은 도를 넘어 어안이 벙벙하기까지 하다. 그 원인은 과연 무잇일까? 우리들 속엔 과연 무엇이 있는가? 불론 한국이 가진 세계 최고 수준의 IT 기술과 국가별 정보화의 진전도 커다란 원인이겠으나, 여기엔 단순한 재미가 아닌 그 이상의 깊은 이유가 있다.

〈겨울연가〉가 2차 세계대전이 끝난 후 허망해진 일본인의 가슴에 잃어버린 아름다운 사랑의 모습을 되찾아주었다면, 〈대장금〉은 문화의 기본이 되는 음식 코드에다 어려움을 극복해나가는 용기와 노력, 게다가 남녀 간의 감동적인 로맨스에 이르기까지 지나친 배금주의에 빠진 중국인에게 삶의 올바른 정신을 깨우쳐준 계기가 되었다는 것이 정설이다. 아마도 인간의 삶에 가장 근본이 되는 덕목(효)에 바탕을 둔 한국의 정신 가치Korean value 위에 5000년에 달하는 찬란한 역사성에서 나오는 다양한 이야기story-telling 보따리, 이를 전달할 수 있는 첨단 디지털 기술과 SNS 유행이 맞물리면서 전 세계 사람들에게 공감을 불러일으키고 있는 것이리라.

이러한 민족의 DNA가 가장 집대성되어 발휘되는 분야는 바로 기업 경영이다. 일찍이 피터 드러커는 전후 세계가 이룬 업적 중 가장 놀라운 성과는 바로 한국의 성장이라고 지적한 바 있다. 그 주역은 바로 오늘날 세계적 기업으로 성장한 우리 기업들이다. 현재 세계 최고의 경쟁력을 구가하고 있는 자랑스러운 우리 기업들은 한둘이 아니다. 남북 문제, 노사갈등, 고령화 등 답답하기만 한 국내를 벗어나면 세계 주요국 공항마다 붙어 있는 한국의 모바일 기기와 대형 LCD-TV 광고판 앞에서 커다란 위안과 자부심을 느끼는 한국인이 어디 나쁜이겠는가.

혹자는 여전히 대기업 위주의 성장정책을 비판하고 허리가 부실한 우리의 산업구조를 질타한다. 그러나 중소기업 성공 모델의 대만 기업들은 오히려 한국 시스템을 부러워한다. 그들은 이미 중소기업 체제가 확실히 잡혀 있어 대규모 투자를 필요로 하는 항공모함식 현대전에 있어 속수무책일 수밖에 없는 상황을 자책하고 있다.

여기서 '하면 된다can-do'는 정신만으로 우리 기업들의 엄청난 성공을 설명할 수는 없다. 미국산 혁신 방법론과 기법을 도입하여 배운 것도 일부 사실이지만 그 이유를 설명하기에는 역부족이다. 오늘날 우리 경제의 신화는 효를 바탕으로 한 창조, 근면, 정열 등 한국 문화의 원형

질이 기업 경영에도 그대로 녹아들어 탄생한 것이다. 여기에 널려 있는 리더십, 전략, 고객만족, 프로세스 관리, 인적 자원 관리 등 모든 것이 한국식 시스템 경영의 살아 있는 생생한 사례요, 교훈이다.

자기 땅에서 이루어진 위대한 성과를 스스로 연구하고 발전시켜 나가는 것만큼 중요한 일도 없다. 우리의 기업 사례가 세계 유수 경영대학원에서 사례로 쓰이고 다른 나라의 젊은이들이 너도나도 들어와 연구하는 상황에서 정작 우리는 한류 경영의 본질에 대해 너무 무지하거나 인색하다고 하지 않을 수 없다. 월마트는 알아도 이마트 성공 요인은 모르고, 도요타 연수에 줄을 서도 포스코 현장은 잘 가지 않는 사회, 잭 웰치는 읽어도 정주영은 안 읽는 사람들, 그리고 기업 사례를 다루지 않는 대학 교실…….

바야흐로 세계는 문화 전쟁 시대로 접어들고 있다. 시스템으로 상징되는 E-biz 시대를 지나 문화 콘텐츠로 승부하는 'C-business' 시대로 바뀌고 있는 것이다. 이러한 문화를 탑재하는 가장 큰 그릇은 바로 기업이다. 기업은 우리가 가진 엄청난 역사에서 나오는 수많은 콘텐츠를 실어 저 우주로 쏘아 올리는 로켓의 역할을 한다. 이제 드라마에 배용준과 이영애가 있다면 경영에도 한류 스타가 있어야 한다. 사실 경영이야말로 최고의 예술이라 하지 않던가?

08

전문가는 누구인가
– T자형 인재를 길러라

월남전이 한참이던 어느 날 미국은 월맹군으로부터 한 통의 전화를 받았다. 미국 군대의 장군 3명만 넘겨주면 항복을 하겠다는 제안이었다. 지긋지긋한 베트콩과의 싸움을 끝낼 수 있다는 생각에 미국은 환호성을 질렀다. 얼마 안 있어 미국 국방부는 해당 장군 3명의 명단을 보게 되었다. 그것은 바로 제너럴모터스, 제너럴일렉트릭, 제너럴다이내믹스였다고 한다. 사실 이 이야기는 우스개로 만들어낸 것이지만 미국에서 GM과 GE가 차지하는 위상을 알 수 있는 이야기가 아닐 수 없다.

여기서 영어의 'general'은 보통 '일반적인'이라는 뜻이다. 명사로는 '장군將軍'을 뜻하며 'full general'이라면 대장 계급을 의미한다. 그렇다면 과연 세계 최강 군대인 미국 군대의 장군을 일반적인 사람이 하는 것일까?

학생들에게 스페셜리스트specialist와 제너럴리스트generalist 중에 장차 원하는 것을 선택해보라고 하면 거의 100퍼센트가 스페셜리스트가 되겠다고 한다. 먹고살기가 날로 어려워지는 현실에서 불안한 미래의 생존을 보장해줄 수 있는 길은 그래도 전문가가 되는 길이라고들 생각하는 것이다. 요새는 사회에 나오기 전의 학생뿐 아니라 이미 직장을 다니고 있는 사람들도 자신의 경력관리를 위해 학원 수강, 자격증 취득, 대학원 진학 등 주야로 일과 학습을 병행하고 있다. 샐러리맨과 학생의 합성어인 '샐러던트saladent'라는 말도 생겨나고 있다.

'전문가專門家'란 사전적으로는 '어떤 부문에 오로지 힘써 높은 지식이나 기술을 가진 사람'을 의미한다. 따라서 전문가라 하면 어떤 분야라 할지라도 자기 분야에서 상당 기간 경력을 쌓은 사람을 가리킨다. 구두 뒤축만 갈아주는 데 10여 년을 보낸 사람은 구두수선 전문가인 것이고, 선물용 꽃을 포장하는 사람은 꽃 포장 전문가florist인 것이다.

이때 중요한 것은 전문가란 '스페셜리스트'가 아닌 '프로페셔널professional'이라는 점이다. 그런데도 우리 사회에는 유수의 대학을 나와 고급 학위 정도는 받아야 전문가라고 생각해주는 편견이 만연하다. 이러한 인식은 교육 과열의 원인일 뿐 아니라 학벌 위주 사회를 가속화하는 근본적인 문제다. 심지어는 어떤 분야에 일생을 바쳐 상당한 경지에 이르렀음에도 가방끈이 짧다는 이유만으로 자신은 전문가가 아니라고 생각하는 사람도 있다. 이는 국가적, 사회적으로도 커다란 손실이 아닐 수 없다. 사실 우리 사회에서 부족한 것은 오히려 제너럴리스트다. 한마디로 'general'을 전문으로 하는 전문가다. 웬만한 분야는 다 거친

경력을 갖고 세분화된 전문가 집단을 지휘할 수 있는 위치에 오른 사람이 바로 제너럴리스트인 것이다.

이제 시대는 너무나 빨리 변하고 있다. 전문가란 의미도 변하고 있다. 가장 변화가 격심하다는 IT 제국 실리콘밸리에서는 '한 우물을 파는 것만큼 어리석은 일은 없다'는 속담도 등장하고 있다. 하루가 다르게 새로운 분야가 나오고 융합적인 기술이 태동하는 세계에서 한 분야만 파서는 생존하기 어렵다는 의미다.

기업들의 인재상 또한 달라지고 있다. 이제는 어느 한 분야만 아는 인재는 곤란하다. 전문가를 자청하면서 자신이 아는 얄팍한 지식만 가지고 다른 분야와는 담을 쌓고 지내는 사람들로 이루어진 조직은 디지털 시대, 글로벌 시대에서 결코 성공할 수 없다. 이러한 트렌드와 관련하여 세계 최고의 기업이라는 GE는 일찍이 현대 사회에서 조직이 요구하는 인재상을 'T'자형 인재로 정의한 바 있다. 이는 자기 분야는 알지만 나머지는 모르는 'I'자형 인재와 구분되는 개념이다. 최근 국내 상당수 기업의 인사관리 또한 깊이와 넓이를 겸비한 인재를 구하는 추세다. 이제 한 우물만 파서는 안 되며 자신의 우물뿐 아니라 다른 우물의 물도 많이 마셔보아야 하는 시대가 된 것이다. 옛부터 다능공多能工을 중시해온 일본의 대표 기업 도요타의 인재형도 다른 분야의 지식뿐 아니라 포용력과 문제 해결 능력, 자기계발 노력까지 갖춘 창의적 인물을 그리고 있다.

일본의 경영 구루로 일컬어지는 오마에 겐이치는 2007년 초 한 인터뷰에서 21세기 인재의 조건으로 '구상력構想力'이라는 개념을 제시했다. 이는 정답만 아는 것이 아닌, 미래형 인재의 가장 중요한 핵심인 상상력에 문제 해결력이라는 능력까지 겸비해야 한다는 뜻이다. 오마에 겐이치는 특정한 답을 제시하는 20세기 교육의 결과 과거의 지식은 이제 1달러짜리 메모리칩보다 못하게 되었다며, 21세기 교육에서는 특정한 답이 없고 문제 해결 과정에 접근하는 방법을 가르치는 것이 중요하다고 말했다.

인터넷 기업 구글이 전 세계 공통의 도서관 역할을 하는 세상에서 전문 지식의 의미는 크게 퇴화할 수밖에 없다. 이제 고급 지식에의 접근 통로가 개방되고 전 세계 누구와도 바로 연결되는 글로벌 네트워크 세계에서는 새로운 콘셉트와 감동을 끌어낼 수 있는 창조적 능력이야말로 개인과 조직의 핵심 경쟁력으로 평가되고 있다.

T자형 인재를 길러내려면 결국 교육이 변해야 한다. 지금과 같은 평균점 지향의 주입식 교육으로는 어림없는 일이다. 해결 방향은 핀란드 등 스칸디나비아 국가에서처럼 '생각하는 법How to think'에 초점을 둔 사고 훈련을 통해 리더십, 커뮤니케이션, 문제 해결 능력 등을 크게 강화하는 것이다. 이는 학교와 기업 교육에 일대 패러다임 전환을 요구한다. 국내 재계를 중심으로 강하게 불고 있는 창조경영이라는 화두에 많은 이들이 관심을 갖는 것도 바로 이러한 이유에서다.

09

옳은 말을 기분 좋게 하라

역사가 짧은 미국의 속담 중에 '말이 통하면 모든 것이 통한다' 는 말이 있다. 말이란 결국 그 사람이 살아온 인생의 향기 그 자체이기 때문이다. 따라서 인간은 크게 2가지로 나누어볼 수 있다. 바로 말이 통하는 사람과 말이 안 통하는 사람이다. 말이 안 통하는 사람과는 대화는 커녕 비즈니스나 연애도 할 수 없다. 우리나라에도 '말 한마디로 천 냥 빚을 갚는다' 는 말이 있다. 심지어 '절에 가도 말만 잘하면 새우젓을 얻어먹는다' 는 말도 있다.

그런데 여기서 말 잘한다는 것의 의미는 무엇일까? 보통은 달변가를 두고 "그 사람 말 한번 참 잘한다"고 한다. 그러나 달변가가 반드시 상대방의 마음을 얻는 것은 아니다. 특히 언행의 신뢰를 중시하는 우리 사회에서 달변가들은 입만 번지르르한 약장수 취급을 받기 십상이다.

눌변이라 해도 얼마든지 상대방을 감동시킬 수 있는 법이다. 문제는 그 상대방에게 자신의 진심을 얼마나 전달할 수 있는가 하는 점이다. 말을 잘하는 것과 잘 말하는 것은 다른 일이기 때문이다.

대화하는 방식을 기준으로 사람들의 유형을 나눠보면 크게 4가지 타입이 있다. 우선은 말도 안 되는 이야기를 기분 나쁘게 하는 유형이 있다. 이러한 사람들에게는 뭐 하나 되는 일이 있을 리 없다. 두 번째는 말도 안 되는 것을 기분 좋게 말하는 유형이다. 주로 간신이나 혈액형이 아부형인 사람들이다. 세 번째는 가장 많이 볼 수 있는 유형으로, 옳은 이야기를 기분 나쁘게 하는 유형이다. 고학력자나 전문가 그룹에 속해 있는 사람들 중 적지 않은 수가 이 유형에 속한다. 마지막 네 번째는 옳은 이야기를 기분 좋게 하는 유형이다. 우리가 평생 배우는 것이 결국에는 듣고, 말하고, 쓰는 것에 다름 아니라고 본다면 상대방에게 자신의 의견과 감정을 제대로 전할 수 있는 능력이야말로 인생 최고의 자격증이라 할 수 있다. 따라서 옳은 이야기를 기분 좋게 할 수만 있다면, 그 사람의 영향력은 유명한 교회 목사님 부럽지 않은 강력한 파워를 가질 것이다.

학벌이나 지위의 계단이 높은 사람들은 너무나 많다. 그들이 하는 이야기를 들어보면 사실 배울 점이 많다. 그러나 상당수 사람들의 경우 그 결과는 그다지 좋지 않게 흐르는 것을 볼 수 있다. 그들이 하는 이야기를 들어보면 대개 상대방이 자신의 말귀를 못 알아듣는다거나, 또는 자신의 마음을 몰라준다고 투덜거리는 것을 목격하게 된다. 야구에서 피처만 있고 캐처가 없는 것을 상상해보라. 말귀를 못 알아듣게 한 책임은 바로 자신에게 있다는 것을 깨우치지 않는 한 이러한 만성 소통장애증의 치료는 불가능에 가깝다.

무엇보다 쉽고 단순하게 핵심을 말해야 한다. 이것은 전문적인 분야일수록 더욱 중요하다. 가장 중요한 것은 대화하는 상대방의 흥미를 유발하는 것이다. 요컨대 내용의 옳고 그름보다도 전달하는 과정의 진심과 즐거움에 있다. 한마디로 상대방을 기분 좋게 하는 것이 비결이다. 아무리 좋은 이야기라 하더라도 그 이야기에 상대방이 기분이 상했다면 안 하느니만 못한 이야기가 되고 만다.

이는 상하 간, 동료 간은 물론이고 부부 간이나 부모 자식과의 대화에서도 그대로 적용된다. 칭찬과 비난은 그 상대방을 눈물 나게 할 자신이 없다면 시도하지 않는 것이 좋다. 커뮤니케이션의 본질은 결국 감성 게임이라 할 수 있기 때문이다. 집중은 관심을 낳고 관심은 사랑을 낳는다. 도산 안창호 선생은 심장이 뛰는 것과 가슴이 뛰는 것은 다르다고 했다. 세계적인 연설가들을 보자. 그들은 결코 어려운 이야기를 하지 않으며, 우리들 삶의 보편적 진리를 쉽게 이야기하기 때문에 듣는 사람들의 공감뿐 아니라 벅찬 감동을 이끌어낸다.

수많은 직장인들이 푸른 꿈을 안고 직장에 들어오지만, 몇 년이 지나면 똑똑한 벙어리가 되고 만다. 이는 말하는 법의 중요성을 피부로 깨닫지 못했기 때문이다. 자신이 할 일을 외부에 넘겨주는 것을 '하청下請'이라 한다면, 자신보다 높은 자리에 있는 상사를 설득시켜 자신의 꿈과 의지를 펼쳐나가는 것을 '상청上請'이라 한다. 상청의 지혜란 바로 옳은 말을 기분 좋게 하는 데서부터 시작된다.

10

칸막이를 치워라

지난 2008년 1월 세계경제포럼 주최 하에 스위스에서 개막된 다보스포럼의 대주제는 '협력을 통한 혁신'이었다. 협업과학, 대규모 협업, 협력민주주의와 같은 말들이 쏟아져 나왔다. 새로운 교육 트렌드로서 소비자 지향적 서비스인 'Wikiversity'나 '디지털 재벌'과 같은 신조어도 등장했다.

오늘날 협력은 가장 중요한 도전이다. 20세기 가장 위대한 경영학자인 피터 드러커는 《피터 드러커, 마지막 통찰》에서 협력하는 조직만이 살아남는다고 했다. 자사 내부의 자원에 의존하는 전통적 사업 방식으로는 새로운 변화에 적응할 수 없다. 웹으로 이어진 세상에서 고객에게 최고의 가치를 제공하기 위해 전 세계 최고의 능력을 보유한 인재들을 한데 모아놓는다고 상상해보면 그 의미를 알게 될 것이다. 드러커는 이

렇게 협력이 구조화되어 형성된 조직을 '오케스트라 조직' 이라 불렀
다. 따라서 앞으로 경영자의 임무는 과거에 한 번도 같이 일해본 적이
없는 복수의 조직들이 동시에 협력하도록 만드는 일이 될 것이다. 이미
음식점에서는 세계 각국의 퓨전 요리가 일반화되어 있으며, 첨단 디지
털 제품의 융합digital convergence은 기본이 된 지 오래다.

한편 인터넷은 정보 전달 중심의 초기 웹 1.0 시대와 평범한 사용자
참여 중심의 웹 2.0 시대를 지나 본격적인 웹 3.0 시대로 진입하고 있
다. 2007년 1조 5430억 원에 구글에 인수되어 커다란 화제를 모았던
유튜브는 서비스를 개시한 지 불과 1년여 만에 매일 수만 건의 새로운
동영상이 올라오고 수억 건이 조회되는 세계 최대의 동영상 포털로 성
장했다. 특히 2009~2010년 사이 스마트폰의 보급과 맞물리면서 트래
픽이 폭증한 트위터와 페이스북 같은 SNS 서비스는 이러한 흐름에 불
을 지르는 계기가 되었다. 작금의 금융재정 위기에 분노하며 유럽에서
시작된 젊은이들의 시위가 순식간에 수십 개국으로 동시 전염된 것을
보라. 웹의 주권이 과거 소수의 엘리트에게서 보통의 시민들에게로 이
동하는 제2의 사회문화적 혁명을 선언하고 있는 것이다.

'집단지성' 이란 새로운 개념도 광범위하게 퍼져나가고 있다. 대표적
인 사이트 '위키피디아Wikipedia' 는 세계 최대라고 하는 브리태니커 백
과사전의 정보를 3배 이상 뛰어넘은 대중의 지혜를 담고 있다. 또한 새
로운 웹 환경에서는 전통적인 파레토 법칙이 아닌 이른바 '롱테일long
tail 경제학' 이 등장했다. 예를 들어 아마존닷컴은 하위 80퍼센트가 전
체 매출의 50퍼센트 이상을 차지한다. 즉, 상위 20퍼센트의 베스트셀

러가 아닌 하위 80퍼센트의 긴 꼬리들이 57퍼센트의 매출을 올리고 있다. 구글의 대표적인 수익 모델인 애드센스AdSense 역시 일반 사용자들이 소액 광고주 역할을 하면서 대형 광고주들이 일으키는 매출을 추월하고 있는 실정이다.

이러한 흐름에 발맞추어 현재 전 세계는 개방·공유·참여의 구호 아래 '지식 2.0' 전쟁이 벌어지고 있다. 세계 최고 수준의 미디어융합 연구소로서 미국을 대표하는 창작발전소인 MIT미디어랩의 화두는 '휴먼 2.0'이다. 아기의 감정 상태를 알아채는 곰 인형, 간편하게 접히는 자동차, 감성 컴퓨팅 등 인간과 과학기술이 완전히 소통하는 시대를 꿈꾸고 있다. 2010년 일본의 10개 대학이 각각 비교 우위에 있는 분야를 합쳐 '슈퍼 대학원'이라는 하나의 대학원으로 출범한 일이나 홍콩 과학기술대학의 'Five O' 프로젝트도 같은 차원이다.

전혀 새로운 융합과 창조를 위해서는 무엇보다 교육 부문이 획기적으로 변해야 한다. 물론 예전부터 학제 간 연구 및 산업계에서 이업종 교류 등이 존재해온 것은 사실이다. 그러나 작금의 흐름은 그런 징도와는 차원이 다른 거대한 변화에의 도전이다. 인문, 사회, 과학, 기술, 예술을 망라하는 정보의 열린 음악회이자 지식 대융합의 신대륙 창조라 할 수 있다. 머지않은 장래에는 국내에서도 대학의 전공 간 융합 연구가 꽃피고 엇박자로 지새던 산학의 경계도 사라질 것으로 전망된다. 물론 각 분야에 걸친 넓은 차원의 협업과 융합, 창조를 통해 전혀 새로운 가치를 제공하는 강력한 파워를 경험하게 되면 가장 먼저 변할 분야는 기업 경영일 것이다.

요컨대 전문성이란 미명 하에 높이 쌓아올려만 가던 세상의 담벼락을 철거해나가는 발전적 해체 과정이 우리들 앞에 펼쳐질 것이다. 한마디로 '지식과 전문성의 칸막이가 허물어질' 것이다. 이는 다른 사람의 조직, 문화 등과 한데 섞여야 한다는 뜻이기도 하다. MB 정부 초기에 새로 임명된 청와대 비서관들도 서로의 협력과 소통을 위해 사무실 칸막이를 낮추는 공사를 했다는 보도가 있었다. 그러나 정작 가장 크고 문제가 되는 칸막이는 바로 자기 안에 있는 마음의 칸막이가 아닐까.

11

성공의 함정

제인 오스틴Jane Austen은 BBC 방송의 '지난 1000년간 최고의 문학가'
조사에서 셰익스피어에 이어 2위를 차지할 만큼 영국인들의 큰 사랑을
받고 있는 여류 작가다. 그녀는 1813년 대표작 《오만과 편견Pride and
Prejudice》에서 주인공 엘리자베스의 결혼 과정을 통해 결국 사랑을 위해
서 필요한 것은 첫인상도, 자존심도 아니라는 것을 많은 젊은이들에게
심어주었다.

인간이 살아가면서 하게 되는 중요한 선택들도 따지고 보면 그 사람
이 살아오면서 갖게 된 편견으로 결정되는 일이 허다하다. 이는 기업
경영에서도 마찬가지다. 포스코경영연구소POSRI는 지난 2007년 말 발
간한 보고서에서 신규 사업 추진 시 빠지기 쉬운 5가지 유형의 오류를
소개했다. 그중 자사 역량에 대한 과신으로 신사업을 선정하는 경우를

'오만의 함정'이라 명명했으며 그 사례로서 국내 굴지의 그룹이 자동차 산업에 진출하다 실패한 일을 꼽았다. 상당수 기업들이 자신의 핵심 역량을 파악하고 키우는 데 상당한 노력을 경주하고 있다. 그러나 자사에 성공을 가져다준 그 핵심 역량의 시효를 눈치 채지 못하고 계속 거기에 기대어 의사결정을 하게 되면 바로 함정에 빠지고 만다. 경영학에서는 이러한 경우를 가리켜 '성공의 함정sucess trap' 또는 '성공의 복수'라 부른다. 한마디로 과거의 성공 요인이 오히려 패망의 요인이 된다는 것이다. 역시 혁신은 잘나갈 때 하는 것이 중요하다.

프랑스 출신 외교관이었던 페르디낭 레셉스Ferdinand Lesseps는 1859~1869년까지 10년간의 대역사를 통해 홍해와 지중해를 관통하는 162킬로미터의 수에즈 운하를 성공적으로 건설했다. 이로써 영웅으로 추앙받던 그는 자신이 이룩한 성공에 고무되었다. 그러나 그 후 맡게 된 파나마 운하 건설에서는 정반대의 운명에 맞닥뜨렸다. 그는 수에즈와 파나마 지역이 지형과 기후 등 자연환경이 전혀 다르다는 점을 무시하고 모든 공사를 수에즈식으로 진행했다. 결국 수에즈 운하의 반에도 못 미치는 파나마 운하는 천문학적인 돈과 수많은 사람들의 희생에도 불구하고 1889년 공사가 중단되었고 회사는 문을 닫고 말았다.

레셉스는 자신이 이룩한 성공 방정식을 고수하면서 신기술 공법의 도입을 거부한 결과 하루아침에 모든 명성을 잃고 추락했다. 그가 파나마에서 실패한 이유는 바로 과거의 성공에 집착했기 때문이다. 역사학자 아놀드 토인비Arnold Toynbee는 인류 역사에 걸쳐 발생한 수많은 사람과 조직, 문명의 몰락도 사실은 이와 같은 요인에서 비롯되었다고 지적하고, 이러한 오류의 본질을 가리켜 '휴브리스Hubris'라고 했다. 그리스어로 '오만'을 뜻하는 이 말은 원래 그리스 비극에서 자신의 성과에 도취한 나머지 신과의 갈등으로 몰락하는 주인공의 특성을 나타내는 말이다.

변화와 혁신에서 가장 중요한 사항 중 하나는 자신의 핵심 역량을 때려 부숴야 한다는 점이다. 조지프 슘페터Joseph Schumpeter는 "창조는 파괴의 또 다른 이름이다"라고 말했다. 결국 현재를 파괴해야 미래를 가질 수 있다. GE 전 회장 잭 웰치는 일찍이 'Destroy your business'라는 화두를 내걸고 'CEO=CDO'라고 하면서 CEO의 역할에서 파괴destruction의 중요성을 강조한 바 있다.

2000년대 중반 이후 대학 평가 순위에서 높은 성장세를 보여주고 있는 고려대의 비상은 어윤대 15대 전 총장의 혁신 의지에서 비롯되었다고 평가된다. 그는 붉은색 호랑이 깃발과 막걸리로 상징되던 고려대의 문화를 확 바꿔놓았다. 무엇보다 그는 '민족 고대'라는 전통적인 브랜드에 도전했다. '민족을 배반하라'는 당돌한 문구를 내세우고 '민족을 내세우는 한 글로벌 고대는 없다'는 화두로 대학 내 각종 개혁을 선도했다. 핵심 역량을 버리고 새로운 가치로 옮아가는 가치 이동value migration의 대표적 사례가 아닐 수 없다.

휴렛팩커드 전 회장이었던 루이스 플랫Lewis Platt은 이렇게 말했다. "과거에 당신을 성공으로 이끌었던 바로 그 비결은 이제 새로운 세계에서는 먹히지 않을 것이다. 새로운 방식을 찾아라."

12

어깨에 힘을 빼라

골프가 안 될 때 미국인은 선생을 바꾸고, 일본인은 연습장에 가고, 한국인은 골프채를 통째로 바꾼다는 우스갯소리가 있다. 수많은 운동 종목이 있지만 기업 경영과 가장 일맥상통한 경기는 골프다. 골프장이란 시장에서 경쟁자와 함께 공정한 룰을 지키며 각자 자신의 스타일에 따라 목표를 달성해나가는 비즈니스 게임이라 할 수 있다. 그 안에는 과학적 방법론과 함께 전략 수립, 고객관리, 커뮤니케이션, 리스크 관리, 성과 평가 등 없는 것이 없다. 골프의 가장 큰 특징 중 하나는 심판이 없다는 것이며, 나이가 든 사람도 젊은 사람을 이길 수 있는 거의 유일한 스포츠이기도 하다. 더욱이 이번에야말로 잘 쳐야지 하고 마음을 독하게 먹는 순간 욕심과는 반대의 결과가 나오는 것이 바로 골프다. 따라서 골프를 잘 치는 비결을 한마디로 하면 '천고마비(천천히 고개를 들고 마음을 비워라)' 라고 할 수 있다.

　어린 시절 갯벌에서 놀던 기억이 있을 것이다. 얕은 갯벌에서 갑자기 쑤욱 하고 발이 빠질 때의 느낌은 빠져본 사람만이 안다. 뭉클 하고 밑바닥이 내려앉는 느낌이 들고 뇌리에는 이젠 죽었구나 하는 공포감이 엄습한다. 이땐 누구나 본능적으로 몸에 힘을 주고 필사적으로 빠져나오려고 한다. 그러나 힘을 줄수록 더욱 빠져드는 것이 갯벌이다. 갯벌에 빠졌을 때 유일한 생존법은 어깨에 힘을 빼고 철조망을 통과하듯이 누워서 나와야 한다고 한다. 《사막을 건너는 여섯 가지 방법》의 저자 스티브 도나휴Steve Donahue는 사하라 사막을 아무런 계획도 없이 종단여행을 했다. 이 책에서 저자는 끊임없이 모양이 변하는 모래사막에서 "지도가 아니라 내면의 나침반을 따라가라, 그리고 오아시스를 만날 때마다 쉬어가라, 더 많이 쉴수록 더 멀리 갈 수 있다"고 충고한다. 가장 흥미로운 것은 "모래에 갇히면 바퀴에서 바람을 빼라"는 대목이다. 광활한 사막에서는 역시 부드럽고 겸허해질 필요가 있다. 이러한 지혜는 인생이나 경영이나 마찬가지다.

　정신력에서 최고 수준의 게임으로 평가받는 바둑을 보자. 우선 바둑을 잘 두려면 무조건 정석을 익혀야 한다. 정석을 모른 채 마구잡이로 두다간 만방으로 지는 법이다. 그러나 거꾸로 고수의 세계로 들어가 정석대로 두다간 백전백패를 면할 수 없다. 프로 기사 중에 정석을 모르는 사람은 단 한 사람도 없다. 그렇다고 정석대로 두는 프로도 없다. 요컨대 '정석을 배워라, 그리고 정석을 버려라' 라는 이야기다. 수영에서도 같은 원리가 적용된다. 수영 초보들은 모두 물에 들어가면 일단 뜨려고 기를 쓴다. 그러나 일단 뜨는 것을 배우고 나면 가라앉는 것이 더욱 어려움을 알게 된다. 잠수는 아무나 하는 것이 아니다.

사실 논리적 사고는 매우 중요한 덕목이다. 수학이나 과학 공부를 통해 우리가 훈련해온 것은 결국 논리적 사고력을 얻고자 함이다. 논리적 훈련을 통해 합리적 사고가 형성된다. 그러나 각 분야에서 소위 프로란 사람들을 보면 결코 논리적인 사람이 아니다. 논리와 합리만 가지고는 감동을 이루어낼 수 없다. 논리는 기본이다. 논리를 넘어서는 무언가가 없으면 상대는 감동하지 않는다. 이것이 어렵다.

이와 관련해 MB 정권을 포함하여 과거 국민들의 절대적인 지지로 당선된 정권들의 초기 실패는 참으로 아이러니한 일이다. 공통적으로 이 실패들은 인수위에서 제작한 멋진 구호를 내걸고 국민의 기대치를 잔뜩 올려놓은 데에다 초기에 커다란 성공을 이루어내야 한다는 강박관념이 결합된 결과라 할 수 있다. 마음 단단히 먹고 세게 때린 드라이버샷이 오히려 OB를 낸 경우다. 이제라도 어깨에 힘을 빼고 부드럽게, 그러나 단호하게 샷을 구사한다면 후반 라운드에선 잃어버린 스코어를 회복하리라고 믿는다.

13
설득의 기술

리더십 이론의 대가인 윌리엄 오우치William Ouchi는 리더십이란 "사람들을 불확실한 곳으로 따라오게 만드는 능력이다"라고 정의한 바 있다. 불확실한 미래로 사람들을 이끄는 가장 중요한 능력은 바로 설득력이다. 즉, 리더십의 핵심은 설득이며, 설득력의 본질은 커뮤니케이션 능력으로 귀결된다. 훌륭한 리더는 훌륭한 커뮤니케이터라는 말이다.

가정과 직장, 그리고 정치 현장 어디에서고 문제의 대부분은 미흡한 커뮤니케이션에서 비롯된다. 상대방의 이야기를 들을 자세가 아니니 마이동풍이요, 자신의 욕구만 강조하니 지루한 동상이몽만이 계속될 수밖에 없다. 이 점에서 나는 커뮤니케이션이란 단순한 의사소통이 아닌 '진심을 전달할 수 있는 기술'이라고 하고 싶다.

커뮤니케이션 고수들의 공통점을 보면 우선 그들은 쉽게 말한다. 즉,

전달하고자 하는 내용의 요점만 짧고 간결하게 이야기한다. 또한 그들의 이야기에는 반드시 유머가 풍긴다. 유머는 그 자체가 인간의 향기이며 엄숙한 대화의 긴장을 풀어주는 화학 촉매다. 우리나라 경영자의 대부분이 이 점에서 매우 부족한 것이 사실이다. 역사적인 흑인 대통령으로 당선된 오바마의 경우도 그 유명한 킹 목사의 연설인 'I have a dream'을 연상시키는 짧고 함축적인 메시지로 유권자를 사로잡았다.

아이젠하워의 연설문 담당이었던 제임스 흄스James Humes는 《링컨처럼 서서 처칠처럼 말하라》에서 성공적인 화술의 요령으로 침묵, 인용문, 통계 수치, 우화, 적절한 몸짓 등을 사용할 것을 권하면서 결국 준비된 말이 성공을 부른다고 했다. 그가 꼽은 20세기 리더십 커뮤니케이션의 양대 산맥은 프랭클린 루스벨트와 윈스턴 처칠이었다. 이 두 사람은 미국의 정치가이자 변호사로 잘 알려진 부르크 코크란을 스승으로 삼았다고 한다. BBC 방송에서 종군기자로도 활약했던 처칠은 "위인의 일화는 역사가 남긴 장난감이다"라고 말했다. 그리고 링컨은 "당신은 이중인격자다. 어느 것이 당신의 진짜 얼굴인가?"라는 정적의 모욕적인 공격에 다음과 같이 단호하게 대답했다고 한다. "만약 내가 두 얼굴을 갖고 있다면 지금 이 못난 얼굴을 택했겠소?" 객석에서는 폭소가 터져 나왔고 이야기를 꺼낸 사람은 본전도 건지지 못했다.

시장에서 기업 가치를 평가하는 중요한 기준 중 하나가 바로 경영자의 설득력이다. 이것은 평시에서보단 전시, 즉 위기에 빛을 발한다. 이른바 '위기대응 의사소통crisis communication'의 문제다. 기업이 제품이나 서비스에 문제가 생겨 사회적 이슈가 되는 일은 이제 매우 흔한 일이 되고 있다. 특히 인터넷 등의 발달로 그 불신의 전파 속도와 파장은 상상을 초월할 정도로 엄청난 세상이 되고 있다. 불량 유제품 유통에 대해 오리발을 내밀다 급기야 파산에 이른 일본의 유수 기업뿐 아니라 끝까지 부인으로 일관하다 감옥에 끌려간 숱한 정치인들을 보면 하나같이 이러한 훈련이 되어 있지 않음을 알 수 있다.

누구나 위기에 빠질 수 있다. 특히 이름난 사람들의 경우 온 세상이 그 입만 쳐다본다. 언론 및 네티즌들의 극성은 안 당해본 사람은 절대 모를 정도로 지독한 것이 사실이다. 그러나 그런 위기에도 침착하게 대응한다면 오히려 역전의 기회로 만들 수 있다. 대표적인 경우가 괴담에 대응한 나훈아의 기자회견이다. 나훈아는 특유의 화술과 제스처로 기자들의 공격을 정면 돌파하며 한 방에 모든 입소문을 잠재웠을 뿐만 아니라 "역시 나훈아다"라는 이미지 프리미엄까지 만들어냈다.

핵심은 다음 3가지다. 첫째, 변명으로 시작하지 말라. 잘잘못을 떠나 벌어진 사실에 대해 이러쿵저러쿵하면 첫 단추부터 실패한 것이다. 둘째, 타이밍이 중요하다. 문제가 생겼을 때 미적거리나간 오히려 의혹만 증폭된다. 셋째, 절대 네 탓이 아니라 내 탓임을 보여라. 가장 중요한 사항은 정직이다. 정직은 감동을 낳고 감동은 기적을 낳는 법이다.

14

위대한 조련사

미국 쇠고기 문제로 온 나라가 시끄러웠던 기억이 새롭다. 일찍이 20세기 스페인의 사상가 오르테가 이 가세트_{Ortega y Gasset}는 현대 사회의 특징으로 '대중'을 들었다. 그는 최대 역작인 《대중의 반역》을 통해 이제는 싫든 좋든 대중이 완전한 사회 세력으로 등장했다는 사실을 상기시키고 있다. 대중은 더 이상 우둔한 군중愚衆이 아니다. 더욱이 각종 스마트 기기와 SNS로 무장한 최신 세대의 대중은 일본인들이 언급해온 개중個衆이나 지중智衆을 넘어서 역사상 처음 보는 낯선 존재로 등장하고 있다. 그러한 강력한 능력을 가진 사람들을 고용하고, 또 그러한 사람들을 대상으로 물건을 팔아야 하는 기업의 입장에선 보통 문제가 아니다.

단순한 걸 복잡하게 만드는 건 단순하지만, 복잡한 걸 단순하게 만드는 건 복잡한 일이라고 한다. 무슨 일이든지 그 근본 원리를 이해하면 복잡한 문제를 푸는 데 큰 도움이 된다. 여기서 우리가 쓰는 '본本' 자를 풀어보면 나무 '목木' 자가 씨앗을 품고 있는 모양이다. 씨앗seed이야말로 우리 삶의 생명이요, 꿈이고 희망이다. 그 씨앗이 자라 꽃을 피우고 열매를 맺으면 나무 위로 올라가 '말末' 자로 변한다. 여기서 말은 끝이란 의미보다는 마침내 다다르게 되는 종착역이나 최종 해결 방안을 의미한다. 따라서 세상의 모든 일은 나름대로의 질서를 갖고 있다는 것이 그 본질적 이치다.

동양 최고의 정신 게임인 바둑을 두고 수순과 타이밍의 예술이라고 하듯이, 순서가 바뀌면 일을 그르치게 되는데 우리는 이를 가리켜 본말전도本末顚倒라 한다. 이를 역으로 해석하면 해결책이 보이지 않을 때는 기본으로 돌아가면 된다는 의미도 된다. 경영학에서 자주 거론되는 'Back to the Basic(B2B)'과 같은 의미다.

소는 기본적으로 초식동물이다. 초식동물이 육식을 하게 되면 생체 시스템에 문제가 생긴다고 한다. 더욱이 자신과 같은 종의 고기를 먹으면 더욱 문제가 된다. 우리 조상들은 사람이 사람의 고기를 먹으면 미친다고 하여 이미 오래전에 그 같은 사실을 간파했다. 또한 인간과 달리 동물에는 없는 병이 2가지 있다. 그것은 무좀과 디스크다. 발은 기본적으로 대지의 기를 흡수하는 통로다. 동물은 신발을 안 신고 다니기에 무좀에 걸리지 않는다. 또한 인간과 달리 네 발로 기어 다니는 동물은 체중이 골고루 분산되어 디스크에 걸리지 않는다. 따라서 질긴 무좀도 맨발로 다니면 저절로 낫게 되어 있으며, 디스크에 걸리면 네 발로 기어 다니면 낮게 된다. 이것이 바로 근본이며 원리다. 한마디로 원리를 알면 해답이 보인다는 이야기다.

경영에도 정답은 없으나 원리는 있다. 경영을 하면서 부딪히는 수많은 난제 중 최고는 역시 사람을 다루는 일일 것이다. 패튼과 함께 2차 세계대전을 승리로 이끈 조지 마셜George Marshall 장군은 "만약 한 사람이 당신을 위한 사람이기를 바란다면, 절대 그가 당신에게 의지하고 있다는 느낌을 갖지 않게 하라. 당신이 그에게 의지한다는 것을 느끼도록 만들어라"라고 말했다. 경영이란 곧 사람의 마음을 잡는 일이며, 리더십의 핵심은 구성원의 마음을 사는 것임을 깨우쳐주는 말이다. 그렇다면 사람 마음의 원리는 무엇인가? 그것은 바로 칭찬받고 인정받기를 바란다는 것이며, 재미가 있어야 비로소 움직인다는 것이다.

특히 창조성이 강조되는 최근에는 이 재미가 더욱 중요하다. 창조란 기본적으로 재미와 동의어다. 단조롭거나 관료적인 분위기에서는 창조와 상상이 불가능하다. 리더가 질서를 강조하며 모든 것을 간섭하고 지시하는 경우엔 더욱 그러하다. 사우스웨스트항공의 전 회장인 허브 켈러허도 "웃지 않는 리더를 위해 일하지 말라. 일은 재미있어야 한다"고 재미의 중요성을 강조한 바 있다. 재미가 있을 때 일은 '힘든 재미'가 되고 의미를 찾을 수 있을 때 놀듯이 일하게 된다. 또한 그럴 때 인간은 자신이 가진 최대의 능력을 발휘하게 된다.

"위대한 조련사는 말이 어떤 일을 하게 하는 사람이 아니라 말이 어떤 일을 하고 싶어 하게 만드는 사람이다." 영국 엘리자베스 여왕의 말 조련사였던 만티 로버트의 말이다.

4부

잘나갈 때 혁신하라

– 시스템인가 문화인가

혁신은 반드시 필요하고 지속되어야 한다.

그러나 혁신이란 업무가 따로 있는 건 아니다.

결국 혁신을 통해 본업을 잘하고 성과를 높이자는 것이다.

평가란 작업의 의미도 마찬가지다.

그럼에도 불구하고 '경영혁신 증후군' 이라고나 할까.

혁신이란 게 무슨 정답이 있는 것처럼, 또는 각자의 본업보다 중요한 게

혁신 업무인 것처럼, 그리고 평가를 잘 받는 게

마치 혁신을 성공시킨 것처럼 받아들여지는 현실이 문제다.

01

지금 혁신 중입니다
– 즐거운 혁신, 지겨운 혁신

'혁신은 위험하다. 그러나 혁신하지 않는 것은 더 위험하다'고 한다. 지난 참여정부 이래 대한민국은 정부, 공공, 민간을 막론하고 혁신 전문 공화국이 되었다. LG에 가면 '5퍼센트는 불가능해도 30퍼센트는 가능하다'고 쓰여 있다. 오늘날 LG는 발상의 전환과 정보통신기술ICT의 활용을 믹스하여 혁신적 사고를 전파하는 동시에 시스템 지원을 통해 세계적인 성과를 올리고 있다. 이런 민간기업이야 혁신하지 않으면 바로 시장에서 도태되기 때문에 누가 시키고 말고 할 것도 아니다. 연공서열의 타파, 성과급제 실시, 팀제 도입, 외부 전문가 수혈, 성과 평가 시스템 도입, 각종 프로세스 개선 활동 등 사기업에서는 이미 이골이 난 제도이지만 정부 및 공공부문의 혁신에서는 상당한 효과를 본 것도 사실이다.

혁신의 혁革은 원래 '가죽'을 뜻하는 말이다. 옛날에 책을 가죽으로 싸서 보다가 닳아 해지면 다시 커버 가죽을 바꾼다는 데서 유래한 말이다. 영어에서도 혁신innovation의 어원을 살펴보면 라틴어의 'nova'가 오늘날의 'new'로 바뀌어 새롭게 한다는 뜻이 되었다. 그런데 이와 같이 매우 긍정적이고 건설적인 혁신의 뉘앙스가 우리나라에서는 이상하게 구조조정restructuring과 동의어 정도로 받아들여지고 있다. 그리고 구조조정 또한 곧 인원 정리로 알아듣는 경우가 많은 것이 사실이다.

사람은 자연인이고 기업은 법인이다. 여름이 오면 당연히 반소매 옷을 꺼내 입어야 하는 것처럼 기업도 세상의 변화에 맞게 대처해야 한다. 겨울에 입던 코트를 계속 입고 다닐 수는 없기 때문이다. 개인이야 땀 좀 흘리면 되겠지만 전장과 다름없는 기업 현장에서 변화에 적응하지 못한다는 것은 곧 도산을 의미한다. 기업 경영의 3요소는 결국 사람, 시간, 돈이다. 사람은 갑자기 똑똑해지지 않는다. 시간을 늘리는 것은 불가능하다. 돈도 펑펑 쓸 수가 없다. 따라서 이 변화의 시대를 맞아 조직이 할 수 있는 길은 결국 '일하는 방식How to work'을 바꾸는 것, 즉 업무 프로세스business process 개선이 될 수밖에 없다.

많은 경우, 혁신이라 하면 우선 직원들의 낡은 사고를 뜯어고쳐야 한다며 대대적인 마인드 교육부터 시키는 것을 볼 수 있다. 과학적으로 밝혀진 사실이지만 인간은 30세 정도 되면 거의 바뀌지 않는다고 한다. 나름대로 인생관과 습관이 고정된 사람들을 모아 혁신 기법 강의를 몇 번 듣게 한다거나 지옥훈련을 한다고 해서 바뀌는 것이 아니다. 사람은 교회에 가서 엄청난 감동과 감화를 받는 경우가 아니라면 자신에게 정말 도움이 되고 반드시 필요할 때만 변화에 적극적으로 대응한다. 따라서 리더가 비전과 목표를 분명히 정립하여 조직원들로 하여금 미래의 꿈과 함께 변화의 필요성을 인식케 하는 것이 중요하다.

또한 사람의 마인드가 바뀌어야 조직이 바뀌는 게 아니라, 시스템이 변해야 사람이 바뀐다는 사실을 인식해야 한다. 기업 경영에서 가장 중요한 것이 문화라고 하지만 그 문화를 만드는 건 시스템이다. 최근 경영혁신 추진 과정에서 조직 내 각종 시스템을 구축할 때 가장 중요한 것도 바로 성과 평가 시스템의 구축 여부다. 기존의 주먹구구식으로 해온 성과 평가를 과학적, 체계적인 평가 시스템으로 바꾸는 것만큼 인간의 행동 양식을 바꿀 수 있는 강력한 무기도 없다. 결국 혁신이란 평가의 문제로 귀결되는 것도 이 때문이다. 문제는 성과 평가 시스템의 구조와 운영상 공정성이다. 지난 몇 년간 우리나라엔 '균형성과평가표Balanced Scorecard(BSC)'라 불리는 성과 평가 방식의 도입이 무슨 유행병처럼 번졌었다. BSC가 매우 진보된 방식인 것은 사실이지만 회사의 업종, 규모, 시장 내 위치, 조직문화 등 각자의 사정에 맞는 방식을 고려하는 게 현명한 길이라 생각된다.

과거 혁신 열풍이 지나치다 보니 현장에선 종종 "혁신 업무가 많아 일을 못 하겠다"는 웃지 못할 이야기도 나왔다. 더욱이 일부에선 1년 내내 평가보고서를 만드는 데 전력을 다해 정작 부가가치 창출과 고객만족이라는 기업의 본업을 소홀히 하게 되는 본말전도 현상도 목격되었다.

혁신은 반드시 필요하고 지속되어야 한다. 그러나 혁신이란 업무가 따로 있는 건 아니다. 결국 혁신을 통해 본업을 잘하고 성과를 높이자는 것이다. 평가란 작업의 의미도 마찬가지다. 그럼에도 불구하고 '경영혁신 증후군'이라고나 할까. 혁신이란 게 무슨 정답이 있는 것처럼, 또는 각자의 본업보다 중요한 게 혁신 업무인 것처럼, 그리고 평가를 잘 받는 게 마치 혁신을 성공시킨 것처럼 받아들여지는 현실이 문제다. 혁신이란 세상을 보고 각자의 느낌을 담아 표현하는 경영의 사생대회와 같다. 도요타의 혁신과 현대의 혁신이 같을 수 없으며, 같아서도 안 된다. 기업마다 타고난 사주가 다르고 문화가 다르기 때문이다.

혁신에 정답은 없다. 혁신은 유행병이 아니며 평가가 목표인 것은 더욱 아니다. 어차피 혁신이란 변화에 대한 적응 과정이며, 그 결과에 대한 최종 평가는 평가위원이 아니라 시장의 고객이 할 것이다.

02

펭귄과 공작새

펭귄 하면 우선 뒤뚱뒤뚱 걷는 우스꽝스러운 이미지와 더불어 날지 못하는 새란 연민의 감정이 함께 떠오른다. 그래서인지 영화, 연극, 소설, 만화 등 조직문화의 스토리 묘사에 있어 펭귄은 세계적인 단골 배우다. 영화 〈배트맨 Ⅱ〉에서 배트맨의 상대는 천재적인 두뇌를 가진 희대의 펭귄맨이다. 연예기획사를 무대로 한 일본의 인기 만화 작가 사쿠라 츠쿠바의 《펭귄혁명》에서도 공작은 스타급, 까마귀는 예비 스타급, 펭귄은 최하위급으로 부류되고 있다. 또한 펭귄은 노르웨이 왕실 근위대의 마스코트로도 쓰여 그들의 엄격한 조직 질서를 상징하고 있다.

《펭귄 나라로 간 공작새》는 1955년 발간된 이후 아직까지도 경영 우화의 베스트셀러로 손꼽히고 있는 책이다. '배움의 나라'에 살던 공작새 '페리'는 어느 날 펭귄이 지배하는 나라에 스카우트되어 간다. 그러나 거기서 만나게 된 펭귄족의 권위적이고 관료적이며 서열 위주의 틀에 박힌 듯한 엄격함이 페리의 자유롭고 창의적인 가슴을 짓누르게 된다. 권력을 쥐고 있는 펭귄들은 새로운 경영 기법을 배우고자 데려온 페리에게서 끼 있는 생각과 튀는 행동을 발견하자, 펭귄 옷을 입히고 왕따를 시켜 조직에 동화시키려 했다. 결국 조직에서 배척당한 페리는 개성과 자유가 있다는 '기회의 나라'로 떠난다는 줄거리다.

조직의 기득권을 가진 펭귄과 신입사원 페리를 통해 작가가 전하고자 했던 메시지는 다양성 존중일 것이다. 이 책은 무엇보다 '다름'과 '틀림', 그리고 '다양성'과 '차이'에 대해 근본적인 질문을 던지고 있으며, 전통적인 조직의 문화와 개인의 창의성에 관한 해답을 제시하고 있다.

오늘날 회사의 경영진과 관리자들은 구성원들에게 아이디어와 창의력을 요구하고 있지만 실상은 새로운 아이디어를 묵살하고 모험을 회피하며 과거의 조직문화만을 지키려 안간힘을 쓰고 있다. 창조성 대신 전통적 가치를 우선하고 다양성 대신 편견이라는 시스템을 장착하여 정작 중요한 인재들을 밖으로 내몬다. 모두가 입을 모아 변화와 혁신을 외쳐대지만 이를 행동으로 옮길 때는 전혀 딴판인 것이 일반적인 조직의 생리다.

오늘날 직장, 학교, 거리, 지하철 어디에서고 펭귄이 존재한다. 심지어 내 가족, 내 자신 속에도 펭귄이 살고 있다. 공작새로 사회에 첫발을 내디뎠을 때는 경험으로 무장된 자신의 세련된 모습에 자부심을 느끼기도 했지만, 어느덧 전형적인 펭귄의 모습(펭귄십)이 되어 있는 자신을 발견하고 깜짝 놀라게 된다. 결국 자기 안에 남아 있는 죽은 공작의 시체와 날아오르다 포기한 많은 새들의 깃털을 발견하게 된다. 펭귄은 나쁘고 공작새는 좋다는 말이 아니다. '다르다'와 '틀리다'는 다른 것이기 때문이다.

변화관리change management란 관점에서 볼 때 앞의 이야기에 등장한 펭귄들은 변화를 거부하고 고집스러운 이미지로 다가올 것이지만 사실 그렇지만은 않다. 사실 펭귄이 날지 못하게 된 이유는 남극의 환경에 적응하기 위해 날개가 지느러미로 진화했기 때문이다. 더욱이 우리나라에선 현지에서 바람이 나서 아내에게 버림받는 무능력한 기러기 남편을 가리켜 펭귄이라 부르기도 하지만 실제로 펭귄이 남편을 버리는 새는 아니다. 그 예로, 황제펭귄 가족의 감동적인 모습을 그린 뤽 자케 감독의 다큐멘터리 〈펭귄-위대한 모험〉을 들 수 있다. 이 영화에서 펭귄들은 짝짓기 시기가 되면 은밀한 장소로 긴 여행을 시작한다. 짝짓기가 끝나고 알을 낳느라 지친 어미는 알을 수컷에게 맡긴 후 태어날 새끼에게 먹일 먹이를 구하러 바다로 떠나고, 수컷은 아무것도 먹지 못한 채 2개월 이상 굶주리며 동면 상태로 알을 품는다. 드디어 알이 부화되면 다시 아비는 먹이를 구하러 떠나고 어미는 바다에서 돌아와 알에서 나온 새끼를 키운다. 혹독한 추위에 살아남은 새끼들이 독립하게 되면, 펭귄 가족은 다시 바다로 돌아가는 마지막 여정에 오른다.

이렇게 본다면 펭귄에 대한 우리들 생각 자체가 편견이요, 변화 거부인 셈이다. 정작 문제는 우리 자신의 인식과 변화다. 지금 당신은 펭귄인가, 공작새인가?

03

1등의 고민

인기 TV 프로그램이었던 〈미녀들의 수다〉에서 출연자들은 이런 질문을 받았다. "당신의 나라로 돌아갈 때 가장 가져가고 싶은 것은 무엇입니까?" 1위는 역시 세계 최고로 인정받는 휴대전화였다. 그러나 2위는 의외로 교통카드였다. 카드 한 장으로 택시를 포함한 대중교통을 전부 이용할 수 있고 환승까지 가능하니 너무나 신기하다는 게 출연자들의 공통적인 반응이었다.

'카드 천국'에 젖어 있는 우리로서는 그런 게 안 되는 나라도 있느냐고 할 정도로 그까짓 게 뭐 대단하냐고 말할 것이다. 그러나 우리보다 훨씬 앞서 있다고 생각하는 선진국에서 온 외국인들조차 "한국에서 지하철을 탈 때마다 문화적인 충격을 받는다"고 한다. 달리는 지하철 안에서 공중파 TV가 나오고 휴대전화로 위성 DMB 방송을 생생하게 볼 수 있는 나라는 거의 없기 때문이다. 재미있는 것은 3등인 야식 배달이었다. 도대체 지구상 어느 나라가 새벽 2시에 족발을, 그것도 20~30분 내로 가져다준단 말인가? 이러한 서비스를 한 번도 경험하지 못하고 살아온 그녀들로선 고국에 돌아갈 시간이 다가오면서 더욱 야식 생각이 날 것이다. 하긴 우리가 원래 배달의 민족이 아니던가.

민간부문뿐만 아니라 공공부문의 서비스 경쟁력 향상도 눈부시다. 인천공항은 국제공항 서비스 평가에서 6년 연속 부동의 1위를 달리고 있다. 또한 해외 국민까지 이용하는 콜센터가 24시간 운영되고, 전화 한 통으로 안방에서 각종 민원을 해결하는 세계 최고의 전자정부(G4C) 시스템을 갖춘 나라이기도 하다. 게다가 정교한 IT망과 가장 까다롭다고 하는 네티즌 덕에 할리우드 영화가 가장 먼저 개봉되고 첨단 제품이 세계 최초로 출시되는 소위 '테스트 베드'가 되었다. 한마디로 '한국에서 먹히면 세계에서 통하는' 시대가 된 것이다. 흥미로운 것은 전 세계인들이 가장 즐기는 지구적 스포츠가 축구와 야구라 하는데, 이 두 종목에서 4강에 들어간 국가는 우리나라밖에 없나는 것을 아는 사람은 드물다.

개인의 인생 또는 기업의 경영은 마라톤 경기와 다를 바 없다. 이제까지 후미에서 미국이나 일본의 뒤를 힘겹게 따라가기만 하던 우리 선수가 선두로 나온 모습을 상상해보라. 이제 경영에서도 분야별로 상당수 기업이 업계 1위가 되어가고 있다. 미국 〈포브스〉가 선정해 2010년 4월 발표한 '세계 2000대 기업' 가운데 한국 기업은 모두 61곳이었다. 100위권 내에 든 기업은 삼성전자(47위)가 유일하지만, 분야별로 세계

선도 제품을 보유한 기업이 눈에 띄게 늘어나고 있다. 이러한 경향은 글로벌 경제위기를 겪은 지금 더욱 현저하다. 한국은 이미 인터넷 보급률(95퍼센트)과 속도에서 세계 1위 국가다. 휴대전화, 반도체, TV, 디스플레이, 에어컨 등이 독주하고 있으며 조선, 철강, 자동차도 세계적 선도 반열에 오른 지 오래다.

누구를 앞서 리드해간다는 것은 성공의 경험이 없고는 유지하기 어렵다. 2등은 1등의 뒤통수를 보고 따라가면 되지만, 1등은 앞에 아무도 없기 때문이다. 오직 자기 자신과 싸워야 하는 것이다. 지금까지 앞만 보고 죽어라 달려온 우리 기업으로선 한 번도 가보지 않은 생소한 길이다. 생산성, 납기, 수율 같은 전통적 가치에만 매몰된 공장장식 경영 방식으론 더 이상 통하지 않는다. 창업보다 어려운 것이 수성守成이라지만 1등을 공고히 하기 위해선 수성을 넘는 경신更新, 즉 전혀 새로운 혁신을 이루어내야 한다. 왜냐하면 혁신은 잘나갈 때 하는 것이기 때문이다. 대부분의 사람들이 몸에 이상이 생긴 한참 후에 병원을 찾듯이, 기업 또한 문제가 확연히 드러난 연후에 혁신이다 뭐다 난리를 치는 경우가 많다. 그러나 배가 기울어진 다음에 배를 흔들면 더욱 빨리 가라앉는다는 사실을 알아야 한다. 여기서 그 실마리는 시스템적인 요소보다는 문화적인 것에서 찾아야 한다.

선진국이란 한마디로 부자가 많은 나라다. 그러나 물질보다 훨씬 중요한 것은 사회적, 문화적 수준이다. 경영의 선진화도 마찬가지다. 경영이란 결국 인간을 대하는 철학과 사고의 문제다. 매출액이 최고로 늘어나고 보유한 특허 기술이 많다고 선진 기업이 아니다. 국내에선 지금까지 일본식 경영의 산물인 조직을 우선시하는 분위기가 지배적이었다. 기업 경영 방식과 문화에 있어 개인적인 창의성과 자발성을 획기적으로 이끌어내는 경영 패러다임의 일대 전환이 필요하다. 오늘의 강한 기업에서 좋은 기업, 나아가 미래의 위대한 기업으로 나아가야 한다. 이와 관련하여 최근 국내에 일고 있는 감성경영, 즐거운 직장 만들기, 사회적 기업 등 다양하고도 새로운 접근 바람은 시사점이 크다고 하겠다.

사실 우리나라 사람처럼 우수하고 창의적인 직원들을 모아서 평범한 성과를 내는 데 그친다면 이는 경영자의 문제로밖에 볼 수 없다. 일본에서 경영의 대부로 존경받는 교세라 창업자 이나모리 가즈오稻盛和夫 명예회장은 다음과 같이 말했다. "기업 경영에서 가장 중요한 요소 하나만 꼽는다면 그것은 경영자의 그릇이다. 경영자가 어떤 주관을 갖고 어떻게 꾸려나가느냐에 따라 기업의 생명과 진로는 크게 달라진다."

04

서비스는 친절이 아니다

선진국에 대한 정의는 여러 가지가 있겠지만 구체적으로 본다면 서비스 부문, 즉 3차 산업의 비중이 그 나라 경제에서 차지하는 비중이 높은 국가라고 할 수 있다. 미국, 영국, 프랑스, 오스트레일리아 등 주요 선진국들은 이미 70퍼센트를 넘어서고 있으며 독일, 일본, 캐나다 등이 이를 뒤따르고 있다. 지난 시절 중화학공업 육성에 힘입어 세계 10대 경제 강국 소리를 듣게 된 우리도 현재 서비스 부문의 비중이 약 60퍼센트 수준에 달하고 있다. 이러한 서비스 경제화 현상은 날로 강화될 것으로 전망되는데, 서비스는 이제 우리에게 미래 선진국으로의 도약을 위한 새로운 성장엔진임에 틀림없다.

무엇보다 서비스 산업의 스펙트럼은 매우 넓으며 새로운 직업군이 속속 탄생하고 있다. 일단 금융과 통신을 양대 축으로 방송, 교육, 호텔, 병원, 항공, 물류, 엔터테인먼트 등 무궁무진한 범위로 발전하고 있다. 특히 고용 효과가 매우 현저한데 미국의 경우 일자리 창출의 80퍼센트 이상이 서비스 부문에서 이루어지고 있다. 현재 국내에서 커다란 문제가 되고 있는 청년 실업의 문제는 오직 이러한 서비스 부문의 육성을 통해서만 가능할 것이다.

또한 서비스 부문과 정보기술의 접목은 지날 시절엔 상상조차 할 수 없었던 다양한 서비스 제공을 가능케 하고 있다. 예컨대 실시간 증권거래 서비스, 항공기 자동예약 시스템CRS, 통합화물정보 시스템 등 인터넷과 고객관계관리CRM의 융합은 본격적인 'e-서비스' 시대의 도래를 알리고 있다.

이러한 흐름에 따라 많은 기업들이 새로운 경쟁 전략으로 서비스 경영 모델을 채택하고 서비스 품질의 향상과 고객만족의 실현으로 초우량 서비스service excellence에 도전하고 있다. 그 결과 구글, 이베이, 사우스웨스트항공 등 새로운 전략 모델과 시스템으로 무장한 새로운 서비스 혁명의 리더들이 계속 출현하고 있다.

철강, 조선, 반도체 등 핵심 제조업에서 세계적 경쟁력을 구가하고 있는 우리나라는 현재 이러한 서비스 산업에서는 아직도 매우 취약한 수준이다. 지난 1980년대에 역피라미드 개념으로 유명한 칼 알브레히트Karl Albrecht는 명저 《서비스 아메리카Service America》를 통해 일본의 공격으로 최악의 경제위기에 빠진 미국 사회를 향해 서비스 부문으로 올인하라는 강력한 메시지를 던졌다. 그 결과 미국은 메모리, 가전, 섬유 등을 과감히 넘겨주고 자신의 전공 과목인 IT 소프트웨어 엔지니어링 분야에 집중하여 오늘날 세계 최강국으로 다시 자리매김하게 되었다. 미국과 달리 사실상 제조업의 전통이 매우 강한 우리로서는 'Service Korea'의 구현이 매우 어려운 과제라 할 수 있다.

그러나 정작 문제는 우리 사회에서 '서비스'라는 말의 뜻이 심하게 왜곡되어 있거나 오해를 받고 있다는 점이다. 현재 우리 사회에 만연해 있는 서비스에 대한 편견을 요약해보면 다음과 같다.

첫째, 인간의 몸으로 때우는 일, 아랫사람이나 하는 것

둘째, 공짜 또는 에누리, 덤과 같은 의미

셋째, 사치 또는 향락 산업과 유사한 산업

이런 편견은 경제의 핵심을 견인하기는커녕 여러 가지 편견과 오해의 근원이 되고 있다. 또한 경영자들의 무관심과 무지 또한 전문 분야 연구자들의 연구 부족으로 이어져 경쟁력 저하 현상을 초래했다.

원래 서비스service의 어원은 라틴어 '세르부스servus'에서 유래된 말로 영어의 'servant'나 'servitude'에 해당되며 주로 개인적인 '봉사'를 의미했다. 그 결과 서비스 산업은 선진국에서조차 제조업에 비해 그 산업화 시기나 경영 기법 수준이 뒤떨어졌다. 일찍이 하버드대학의 시어도어 레빗Theodore Levitt 교수가 "만약 기업들이 서비스를 노예적 속성과 개인적 직무 차원에서 바라보는 시각에서 벗어난다면 서비스업은 엄청난 진보를 이룰 것이다"라고 한 것은 바로 이러한 의미라고 할 수 있다.

현재 전 세계는 서비스 전쟁이라 해도 과언이 아닐 정도로 서비스의 중요성이 날로 커지고 있다. 대부분 현대인들이 하루 동안 활동하는 내용을 보아도 우리들 인생은 바로 서비스 그 자체다. 제조가 물건을 잘 만드는 것이라면 서비스는 만족을 제조하는 기술이자 전략이라고 할 수 있다. 요컨대 서비스는 경제적로는 최종 산출물product이며, 경영적으로는 운영·전달·마케팅의 총체적인 시스템이다. 우리가 진정 선진국으로의 또 한 번의 도약을 원한다면 그것은 서비스 산업에서 강국으로 부상할 때 가능하다. 이를 위해 무엇보다 서비스에 대한 기존 인식의 전환이 시급하다. 이제 서비스는 더 이상 '스마일'이나 '친절함'이 아니며 '공짜'는 더더욱 아님을 인식해야 한다.

05

고객의 기대를 높이지 마라

경영학에서는 고객이 특정 기업에 대해 갖는 이미지가 결정되는 순간을 가리켜 MOTMoment of Truth라 한다. MOT는 1980년대 후반 추락 직전에 놓인 스칸디나비아항공SAS의 구원투수로 등장한 얀 칼슨Jan Carlzon이 불과 1년 만에 이 회사를 소생케 한 비법으로 알려지면서 유명해진 개념이다. 이는 원래 스페인의 투우 용어 'Momento De La Verdad'로 투우사가 소의 급소를 찌르는 순간을 가리키는 말이다.

MOT는 고객이 직원들과 접촉하는 약 15초의 시간이 그 회사의 운명을 결정한다는 것이다. 구체적으로는 안내 전화, 상담, 대금 청구 등 각종 서비스 접점, 예컨대 항공사 티켓 카운터에서 일하는 여직원의 태도가 그 회사에 대한 고객의 선택을 사실상 결정한다는 의미다. 미국의 패션 전문가이자 저술가인 마사 폴커Martha Falker 같은 이는 《첫 4초The First

Four Seconds》에서 사람의 이미지는 그를 대하는 최초의 4초 안에 결정된다고 했다.

고객만족이란 원래 미국에서 만들어낸 개념인데, 오래전 우리나라에 수입된 이래 국내 경영 현장에서 막강한 영향력을 발휘하고 있다. 요즘은 PCSI(정책고객만족도)라 하여 공공부문에서조차 고객만족도 평가의 비중이 현저히 증가하고 있는 실정이다. 고객만족의 내용은 사실 매우 단순하다. 한마디로 고객 가치의 창조, 즉 고객이 자신이 지불한 돈보다 더 많은 가치를 받았다고 느끼게 하라는 것이다. 여기서 만족의 정의는 고객의 사전 기대 수준expectation level과 사후에 실제로 느낀 인식 수준perception level의 차이다. 수많은 기업에서 광고, PR이나 상담을 통해 사전에 고객의 기대를 잔뜩 올려놓고는 실제 구매 상황에서는 그보다 못하여 고객의 재구매는커녕 욕이나 실컷 얻어먹는 일을 심심치 않게 볼 수 있다. 이러한 상황은 거대 기업에서만 벌어지는 것은 아니다. 퇴직금으로 창업한 골목길 통닭집 아저씨도 다급한 마음에 '우리나라에서 제일 맛있는 통닭'이라고 고객에게 바람을 불어넣기는 마찬가지다.

수십 년이 넘게 이어져온 유명 음식점의 경영을 살펴보면 장사의 성공 요인은 바로 단 한 가지다. 그것은 반복 고객, 즉 단골을 만드는 일이다. 긴 안목을 가지고 끈기 있게 제품과 서비스의 품질을 높여나가는 것 외엔 방법이 없다는 것이다. 여기서 쓸데없이 고객의 기대를 높이지 않고 합리적 수준으로 낮추는 것은 일종의 경영 법칙이다. 그러나 고객의 사전 기대를 낮춘다고 해서 자신을 땅바닥에 처박으라는 이야기는 결코 아니다. 자동차 렌털 업계에서 헤르츠Hertz에 이어 업계 2위를 유지했던 아비스AVIS의 광고 카피는 ‘We are No. 2’였다. 이 회사는 1위 경쟁사를 비난하지도 않았거니와 무모하게 자신을 높이지도 않았다. 그리고 비록 선도 업체는 아니지만 그만이 제공할 수 있는 고유의 가치와 혜택을 고객에게 차분히 설득했다.

2007년 말 일본의 유력 경제지 〈닛케이 비즈니스Nikkei Business〉는 ‘고객을 배신하라’는 당돌한 제목의 특집기사를 내보냈다. 이 기사는 신상품 개발 추세와 히트 상품의 탄생 비결을 분석한 뒤 1억 명의 목소리보다 1명의 신념이 히트 상품을 만든다는 결론을 내렸다. 기사는 먼저 “전자업체들이 소비자들이 쉽게 눈길을 주는 수치에 집착한 나머지 무의미한 출혈 경쟁을 하고 있다”고 지적했다. 한 예로서 응답 속도가 0.016초 이하일 경우 인간의 눈은 거의 차이를 느끼지 못하는데도 평판 TV 전자업체들이 아무 의미 없는 기록을 놓고 다투고만 있는 것을 지적했다. 아울러 “고객의 소리를 쫓아만 다녀서는 고객에게 놀라움과 감동을 줄 수 없다”며 소비자 조사에 대한 맹신을 버려야 한다고 강조했다. 연필처럼 지우고 다시 쓸 수 있는 필기구 업체 파이로트의 프리쿠션 볼펜, 물 대신 공기를 사용하는 산요전기의 세탁기, 보온 기능이 첨가된 샤프의 신형 냉장고, 그리고 숯이 들어간 샤프의 전자밥솥 등이 그것이다. 이들은 모두 소비자들의 고정관념을 과감하게 배신한 덕분에 히트 상품 반열에 올랐다.

국내 정권에서 초기에 높던 지지도가 절반으로 추락한 것도 결코 이와 무관하지 않다. 처음부터 국민의 기대를 너무 높인 것이 아닌가 하는 생각이다. 이러한 결과는 모든 국정 수행을 점점 더 어렵게 만들 가능성이 높고, 향후 꽤 높은 수준의 성과를 보여줘도 국민들은 여전히 목말라하는 기대의 악순환에 빠질 수도 있다.

고객의 기대를 높이지 마라. 그 대신 실행력을 높여라. 자신의 결혼 생활을 되돌아보라. 지금 부부관계가 힘들다면 과거 달콤한 연애 시절 아무 생각 없이 상대방의 헛된 기대만 올려놓은 결과가 아닌지…… . 역시 기대가 크면 실망도 큰 법이다.

06

러브마크
– 고객과의 러브스토리를 써라

'아는 것이 힘이다'라는 말처럼 지난 20세기는 합리적 사고에 기초한 이성 주도의 시대였다. 우리들 대부분은 이성이 감성보다 우위에 있다는 인식 속에서 살아왔으며, 감성을 통제하고 이성적으로 행동해야 교양인이라고 배웠다. 그러나 지금은 지식보다 상상력이, 생각보단 느낌이 더욱 중요한 시대다. 따라서 논리적인 좌뇌형보다는 감성과 창조성이 뛰어난 우뇌형 인간이 주목받는다. 더욱이 작금의 X세대나 N세대에 이르면 예전의 가설들은 전혀 먹히지 않는다. 그들이 열광하는 영화 〈트랜스포머〉에는 주인공도 없고 스토리도 없으며, 사필귀정 같은 메시지도 없다. 그저 상상의 폭풍 같은 현란한 재미만 있을 뿐이다. 기성세대의 눈으로는 도저히 이해가 되지 않겠으나 이것이 현재의 흐름이다. 마치 '나는 느낀다, 고로 존재한다'라고나 할까.

이성보다 감성이 중시되는 이러한 사조는 갑자기 찾아온 것이 아니다. 두뇌의 수준을 나타내는 IQ는 일찍이 EQ, 나아가 EI(감성지능)로 대체되었으며, 최근에는 SQ(사회지능)라는 개념도 제시되고 있다. 흥미롭게도 2007년 베니스 비엔날레가 내건 주제는 '감성으로 사고하고 이성으로 느껴라Think with senses, Feel with mind'였다. 실제로 인간의 행위는 이성보다는 감정에 의해 지배되는 것이 사실이다. 휴대전화를 필요로 하는 것은 이성이지만 마지막 구매 행위를 결정하는 것은 감성의 힘이다. 요컨대 이성은 결론을 끌어내지만, 감성은 마지막 행동을 낳는다.

특히 디지털 세상의 한복판으로 들어갈수록 이러한 경향은 오히려 현저해지고 있다. 첨단기술로 인해 편리함은 엄청 늘어나고 있지만 가슴 저편에서 오는 고독과 허무함은 막을 길이 없다. 이메일로 쓴 100통의 편지와 눈물로 쓴 연필 편지 한 통의 위력은 비교할 수 없다. 최첨단 디지털카메라보다 수동 카메라의 손맛 역시 그러하다. 한마디로 '머리는 디지털, 가슴은 아날로그'가 키워드다.

한편 비즈니스 세계는 제품에서 상표trademark, 상표에서 브랜드brand 시대로 접어들었다. 흔히 마시는 소주만 해도 제조회사를 아는 사람은 거의 없고 그 제품 브랜드만 기억할 뿐이다. 소위 명품족들의 심리에도 바로 이러한 브랜드 로열티의 힘이 작용하고 있다. 이미 상표의 이름이 고유명사처럼 변화한 경우도 허다하다. 밴드에이드나 워크맨, 바셀린 같은 예를 들 수 있다. 현재는 이러한 상표를 넘어서 온갖 브랜드로 넘쳐나는 세상이다. 이제는 브랜드도 진부해져 버렸으며 단물이 빠졌다. 그렇다면 브랜드의 다음 세상은 어떨까?

이와 관련하여 글로벌 광고 에이전시 사치&사치Saatchi & Saatchi의 CEO 케빈 로버츠Kevin Roberts는 최근 저서인 《브랜드의 미래》에서 미래 시장에서는 존경과 사랑이 만나는 최고의 교차점을 노려야 한다며 '러브마크Lovemark'라는 신개념을 제시했다. 이를 도식화하여 가로축을 사랑으로 놓고 세로축을 존경으로 놓았을 때 러브마크의 위치는 오른쪽 상위에 위치한다. 즉, 좌뇌 영역인 믿음信과 우뇌 영역인 호감好이 합쳐지는 영역이 바로 러브마크가 된다. 여기서 존경은 러브마크의 근본 원칙이 된다. '존경 없이는 사랑도 없는' 것이다. 지속적으로 사랑받는 기업이 되기 위해서는 무엇보다 소비자들에게 존경받을 수 있는 기업이 될 수 있도록 노력해야 한다.

존경받는 기업이 되려면 특히 소비자와 친밀감을 형성해야 한다. 소비자들에게 거부감이 들지 않고 친해질 수 있는 방법을 찾아야 한다. 버드(버드와이저), 페덱스(페더럴익스프레스) 등 많은 브랜드가 소비자들에게 애칭으로 불리고 있다. 이런 러브마크가 되기 위해서는 소비자들과의 관계에서 일방적이지 않고 쌍방향적인 교류가 이루어져야 한다. 그리고 친밀감이 형성되려면 공감, 헌신, 열정이라는 3가지 요소가 필요하다.

미래의 '영감을 주는 소비자inspirational consumer'를 잡기 위해서는 지금까지의 이성적, 합리적 수준이 아닌 고차원의 충성도를 필요로 한다. 다시 말해 기존의 자사 제품에 대한 호감도나 신뢰도에서 한 단계 뛰어넘어 소비자의 사랑을 잡아야 한다는 것이다. 변화된 사회 속에서 자신의 삶과 진하게 연결되는 새로운 유대관계를 찾는, 외롭지만 매우 열정적인 소비자들과 감성적으로 연결된 고차원 브랜드, 즉 러브마크는 비즈니스의 미래가 될 것이다.

언제나 핵심은 고객이다. 중요한 것은 고객은 인간이라는 사실, 인간은 사랑을 원한다는 진실이다. 이제 승리의 월계관은 공감과 열정과 헌신을 통해 고객과의 러브스토리를 쓸 수 있는 기업에 돌아갈 것이다. 성경에도 믿음과 소망과 사랑 중에 으뜸은 사랑이라 하지 않았던가.

07

Your Biz is My Biz
– 상생 바이러스를 전파하라

"도대체 이 사람 그 회사 직원 맞습니까?" 어느 날 걸려온 전화에 김 사장은 당황했다. 전화를 건 상대는 직원 한 명이 파견되어 있는 거래업체 대표였다. 이야긴즉슨 김 사장의 부하직원인 RM_{Relationship Manager}이 어찌나 일을 잘해주는지, 이 직원이 정말 김 사장네 직원인지 의심될 정도라는 이야기였다. 이쯤 되면 거래업체의 강력한 신뢰를 얻게 되어 보다 커다란 비즈니스가 형성된다.

무릇 자연의 운용 원리는 변화 그 자체다. 이를 집대성한 것이 바로 《주역周易》이다. 《주역》의 음양변증법 원리 하에서 음양의 생산적인 상호 작용은 상생相生 또는 상승相勝을 가져오며, 상극相剋의 상호 작용은 변화를 초래한다. R. 에머슨_{R. Emerson}은 이와 관련해 "자연의 모든 사상은 둘로 나뉘어져 있어 하나는 다른 것으로 완성시켜야만 하는 반쪽에 불과하다. 영혼과 물질, 남자와 여자, 주관과 객관, 안과 밖 등……"이라고 했다. 이러한 원리는 기업 간 비즈니스에서도 마찬가지다.

그러나 국내 상황을 둘러보면 상생 또는 윈윈win-win이란 말을 꺼내기도 부끄러운 상황이 도처에 널려 있다. IMF 당시 믿고 거래하던 주거래 은행이 신용경색이 돌자 가장 먼저 어음을 돌리는, 이른바 '비 오는 날 우산을 뺏는' 행태를 연출하는가 하면, 얼마 전엔 국내 대표 기업의 중소 협력업체들이 대기업의 독선과 희생 강요에 항의하며 집단행동에 돌입한 경우도 있다. 또한 거대 유통업체에 납품하고 있는 중소 제조업체들에 대한 막무가내식 가격인하 압력은 이미 다 알려진 사실이다. 이 모두가 어려울 때 힘이 되는 친구가 아닌, 대기업-하청업체라는 철저한 갑을 관계로 종속된 일방적 관계만 존재하기 때문이다. 지속적 관계relationship가 아닌 일회성, 단기적 거래transaction로만 보는 인식 아래선 상생의 꽃이 피어날 리 만무하다.

부품회사의 불량은 바로 세트메이커의 불량으로 이어지며, 협력회사와의 파트너십이 약해지면 국제 경쟁에서 배겨날 수 없다. 게다가 협력사 직원을 비롯한 그 가족들은 사실상 가장 중요한 고객임에 틀림없다. 국내에선 하청업체, 거래처, 공급업체, 협력업체 등 상호 관계를 나타내는 수많은 말들이 있다. 하지만 가장 중요한 것은 파트너십이다. 표현하자면 'Your business is my business' 라는 것이다.

일전에 상생문화포럼 창립 모임에 다녀온 적이 있다. 정부, 대기업, 중소기업, 학계, 연구소 등 관련 분야 전문가들이 모두 모여 열띤 분위기를 이루었다. 모임의 취지는 대기업과 중소기업의 관계를 갑과 을의

구도에서 동반자적 관계로 전환해나갈 것을 주장하는 것이었다. 한마디로 상생 문화 창달을 위한 바이러스 전파를 도모하자는 것이었다. 일전에 이건희 삼성 회장은 "협력업체의 수준이 곧 삼성의 수준이다"라고 말했다. 고객의 소리voc에 못지않게 중요한 것이 협력업체의 소리, 즉 'VOSVoice of Supplier' 다. 포스코는 아예 기업 상생 담당 임원을 따로 두고 회장이 참여하는 관련 기업 간 네트워크인 상생협력협의회와 테크노 파트너십 프로그램을 운영하는 등 선진국형 SCM 관리에 노력을 기울이고 있다. 이러한 사례는 한국형 상생 모델의 제시와 관련하여 시사하는 바가 크다고 하겠다.

"자연은 일견 모든 게 경쟁으로 이루어져 있는 것 같지만 사실은 무모한 경쟁보단 남과 더불어 살아가는 지혜를 터득한 생물들이 훨씬 더 많다." 이화여대 최재천 교수의 말이다. 최근 국제 비즈니스계에선 '기업 생태계' 란 말이 급부상하고 있다. 이제는 예전처럼 한 기업이 설계, 생산, 판매까지 할 수 있는 시대가 아니며, 글로벌 경쟁의 패러다임이 이미 개별 기업 간 경쟁에서 대기업과 중소 협력업체를 아우르는 기업 생태계 간 경쟁으로 변화하고 있다는 것이다. 결국 상생이란 기업 생태계의 경쟁력을 키우는 핵심인 셈이다. 따라서 이제는 거래선에 불과한 'Trademark' 시대를 넘어 상호 신뢰에 기초한 'Trustmark' 시대로 이행해야 하며, 지금까지 일부 대기업들이 보여온 시혜적 거래 관행에 일대 전환이 필요하다.

한편 국내 기업들에 수여하는 각종 상을 보아도 주로 정부나 무슨 협회 등에서 주는 상이 대부분이다. 따지고 보면 기업이 자신의 생존을 위해 열심히 한 결과에 대해 국가 공무원이 상을 준다는 것은 우스운 일이다. 예전에 미국 실리콘밸리 중소 PCB업체 공장을 방문한 적이 있었다. 복도에는 각종 트로피와 상패 등이 즐비했다. 놀라운 것은 그 대부분이 모토로라, 하니웰, 휴렛팩커드 등 내로라하는 초우량 대기업, 다시 말해 '고객이 주는 상customer award' 이었던 것이다. 상패에 쓰여 있는 글의 내용은 바로 "귀사의 노력 덕분에 우리 사업이 성공할 수 있었습니다"였다.

08

송무백열松茂柏悅
– 사촌이 땅을 사야 나도 잘된다

직장에 다니는 한국 남자들의 경우 공통적으로 나타나는 3대 심리적 증후군이 있다. 그것은 첫째, '남자다워야 한다'는 심리적 강박이다. 가부장적 권위 하에서 유년 시절을 보낸 이 땅의 중장년층 대부분이 이 병에 걸려 있다. 그 결과 가정에서는 물론이고 친구나 동료, 특히 애인 관계에서도 이러한 심리가 작용하여 생각지도 못한 부작용이 나타나고 있다. 이는 특히 우리나라만의 독특한 군대 문화와 어우러져 수많은 한국형 람보의 출현을 양산하고 있다.

둘째, '남부럽지 않게 살아야 한다'는 종교적 신념에 가까운 병리 현상이다. 이러다 보니 말끝마다 남과 비교하여 가족이나 주변과의 불화를 만들어낸다. 가장 큰 문제는 자신의 불행을 내 탓이 아니라 네 탓으로 떠넘기는 행위다.

셋째, '사촌이 땅을 사면 배가 아프다'는 선천성 고질병이다. 전통적으로 씨족사회 중심의 농경사회를 거쳐온 우리 민족은 매우 극단적인 평등 의식을 갖게 된 것 같다. 도무지 자기보다 잘난 사람을 인정하지 않으려는 풍토는 무한 경쟁 시대인 현대 경제 사회에서 조직은 물론이고 국가경쟁력까지 저하시키는 요인으로 지적되고 있다. 심지어 '배고픈 건 참아도 배 아픈 건 못 참는다'는 말도 공공연히 들리는 실정이다. 이러다 보니 회사에 모처럼 우수한 인재가 들어와도 견디지 못하고 나가버리는 일도 비일비재하다. 모름지기 자기보다 우수한 사람들이 주위에 많아야 자신도 발전하는 법이다. 세계적 유명 인사가 된 미국의 흑인 여성 앵커 오프라 윈프리의 인생 원칙 제1조는 '주어진 시간을 최대한 나보다 우수한 사람과 지내라'는 것이라고 한다.

《부자 아빠, 가난한 아빠》의 저자인 로버트 기요사키에 의하면 우리들 인생에는 크게 3가지 자산이 있다고 한다. 물질적·유형적 자산, 시간적 자산, 관계 자산이 그것이다. 그중에서도 가장 중요한 자산은 세 번째인 '관계 자산relational asset'이라고 한다. 이는 다른 사람과의 인간 관계와 소통의 수준이며 개인의 NQ 지수라 불리는 것이다. 이러한 원리는 기업 경영에도 적용된다.

이와 관련된 표현으로는 '송무백열'이 있다. 이 말은 서진 때의 문인 육기陸機가 지은 《탄서부嘆逝賦》에서 유래했는데, '소나무가 무성한 것을 보고 잣나무가 기뻐한다'는 뜻으로 자신의 동료나 벗이 잘됨을 기뻐한다는 말이다. 늘 푸른빛을 잃지 않으면서도 서로 비슷하게 생긴 소나무와 잣나무는 예로부터 선비의 꼿꼿한 지조와 기상의 상징으로 함께 어울려 쓰였다.

송무백열의 사례는 생명체에서도 볼 수 있다. 생물 다양성과 관련한 종의 기능적 분류 중에 '우산종umbrella species'이라는 것이 있다고 한다. 이 우산종은 숲의 건강도를 알 수 있는 지표로서 우산종이 살면 다른 종도 살 수 있다. 그 예로, '학'이라고도 부르는 두루미는 우아한 자태로 인해 고귀함의 상징이자 장수와 행운을 상징하는 길조라 알려져 왔으나 현재는 멸종 위기에 처해 있다. 이 두루미가 살면 다른 새들도 다 함께 살 수 있다고 한다. 즉, 몸집이 큰 종이 필요로 하는 면적의 서식지(논)를 보전하면 그 서식지에 함께 살고 있는 여러 가지 작은 종들도 자연적으로 보호받는다. 이것이 생태계 보전을 위한 최선의 방법이며, 궁극에는 사람을 살리는 길이기도 하다. 자연이 없으면 인간도 없기 때문이다.

결국 사촌이 땅을 사야 나도 잘되는 법이다. 흥하는 이웃이 있어야 나도 흥한다는 깨달음이 우리 주변에 널리 퍼져나가길 기대해본다.

09

배고픔을 즐겨라

In the clearing stands a boxer and a fighter by his trade.

And he carries the reminders of every glove that laid him down or

cut him till he cried out in his anger and his shame.

"I am leaving, I am leaving."

But the fighter still remains yes, he still remains.

텅 빈 링에 한 복서가 서 있어요.

그걸 직업으로 돈을 버는 싸움꾼이죠.

그의 얼굴엔 영광의 상처들이 있네요.

분노와 수치심으로 소리를 지를 때까지

그를 때려눕힌 글러브의 자국들이 남아 있어요.

"나 이제 떠날 거야, 떠날 거라고."

하지만 선수는 그대로 서 있네요.

그래요, 그대로 남아 있네요.

역대 최고의 하모니란 평을 들었던 사이먼 앤드 가펑클의 히트곡인 〈The Boxer〉의 가사 일부다.

1970년대 홍수환의 주먹과 김일의 박치기에 전 국민이 열광하던 시절이 있었다. 당시 대부분의 프로 권투 선수나 레슬링 선수들은 찢어지게 가난한 자신의 처지를 한방에 뒤집고자 온몸에 피멍이 들어도 묵묵히 그 길을 걸어갔다. 사실 흥분하는 우리도 가난하기는 마찬가지였다. 그러나 이제 세계 10위권에 올라선 신흥 경제 강국의 한국인들은 그러한 죽기 살기식 운동보다는 골프, 수영, 승마, 피겨스케이트에 빠져들고 있다.

한편 일본은 완전히 망가진 패전의 상처를 딛고 한국전쟁 특수와 도쿄 올림픽을 계기로 세계 2위의 부자 나라로 화려하게 컴백했다. 원래 일본은 '모노츠쿠리物造り'라 하여 물건 만드는 것만큼은 혼을 바쳐 세계 최고로 만든다는 정신을 갖고 있다. 이는 한국인의 성실성과는 차원이 다른 것으로 하나의 도道의 경지라 볼 수 있다. 과거 일본 제품의 상징인 오토바이, VTR, 워크맨 등은 바로 이러한 정신의 대표 산물이다.

그러나 어느덧 대부분의 일본 가정이 한 명의 자식밖에 낳지 않게 되고 어릴 적부터 꼬마 황제 대우를 받아온 부자 2세, 3세들은 그들의 아버지가 걸어갔던 고생길을 거부하고 있다. 신형 스포츠카와 고급 크루

즈를 즐기는 그들에게 제조왕국의 위상이나 경제 항공모함의 항로 따위 관심 밖이다. 그 결과 지난 동계 올림픽에서 노 골드에 20위로 추락하는 수모를 겪었다. 《No라고 말할 수 있는 일본》이란 저서로 유명한 이시하라 신타로 의원의 말처럼 동메달만 따도 흥분하는 한심한 수준으로 전락해버린 것이다. 게다가 일본은 이미 국적기의 동체 착륙과 도요타의 음주운전, 그리고 후쿠시마 원전 사고 등으로 국가 전체가 맛이 가는 느낌이다.

사실 요즘 올림픽은 4년에 한 번씩 하는 국가적 건강검진과 같은 의미가 되어가고 있어 해당 국가의 총체적 운영 능력을 보여주는 바로미터라 할 수 있다. 특히 피겨스케이트 선수가 무려 3만 명이나 되는 일본의 대표를, 그것도 열두 살에 이미 세계 최초로 트리플 악셀에 성공한 아사다 마오를 물리친 김연아는 한국 최고의 셀러브리티로 우뚝 섰다. 와사비는 코를 찌르지만 고추는 뇌를 찌른다고 하는데, 김연아는 완벽한 점프 하나를 위해 수만 번의 연습을 거친다는 독종이다.

어렸을 적, 성경을 보다 의아하게 여긴 구절이 있었다. 바로 '마음이 가난한 자는 복이 있나니 천국이 너의 것이요' 라는 문구였다. 나이를 한참이나 먹고서야 비로소 마음이 가난하다는 것이 바로 마음을 비워야 한다는 뜻임을 알게 되었다. 자신이 잘난 것으로 꽉 차 있으면 아무리 예수라고 해도 비집고 들어갈 수는 없기 때문이다. 결국 많이 갖게 되면 그만큼 다른 것이 들어올 가능성은 줄어들게 되어 있다. 무릇 결핍은 필요를 낳고 필요는 창조를 낳는 법이다. 인류의 위대한 작곡이나 발명 등은 모두 외롭고 배고픈 삶에서 이루어졌다.

자고로 어깨에 힘이 들어가는 순간 인생이건 골프건 망가지게 되어 있다. 더욱이 산전수전을 겪고 각고의 고생 끝에 드디어 성공해서 고향에 돌아온 사업가에게서, 가난했던 시절의 맑은 눈동자와 겸손한 어깨를 보기란 어렵다. 이를 본 고향 사람들은 그가 사들고 온 선물 세트가 반갑지만은 않을 것이다. 따라서 우리들 인생이나 사업에 있어 평생 놓치지 말아야 할 단 하나의 정언명제가 있다면 그것은 바로 'Stay hungry' 다. 최근 작고한 스티브 잡스가 생전에 가장 즐겨 했던 말도 바로 이것이다.

그러나 과거처럼 이를 악물고 한다거나 주먹을 불끈 쥔다고 될 일이 아니다. 이를 악물면 이가 깨지고 주먹을 꽉 쥐면 남과 악수할 수 없다. 엄숙함보다는 온화함, 심각함보다는 여유로움이 있는 세련된 헝그리 복서가 되자는 것이다. 올림픽 역사상 그 엄숙한 시상대 위에서 시건방 춤 세리머니를 행한 민족은 G세대 우리 선수들이 처음일 것이다. 사실 이처럼 자신감이 넘치는 세대는 단군 이래 처음이다. 무엇보다 유머가 있고 인생을 즐길 줄 안다는 점에서, 획일성과 엄숙주의의 중병을 앓고 있는 기성세대와는 완전히 다른 별에서 온 존재들이다. 그래서 희망이 보인다.

10

러닝머신이 되어라

미국발 서브프라임 파생상품으로 촉발된 글로벌 경제위기로 인해 세계 경제지도가 바뀌고 있다. 해가 지지 않는 나라로 불리던 영국을 비롯하여 그동안 가장 잘나간다던 아일랜드, 그리고 서구 문명의 본산인 헬레니즘 왕국 그리스의 문제로 세계가 들끓고 있다. 파르테논 신전을 보려는 관광객이 자국민 수보다 많은 이 나라의 위기는 온 국민이 90퍼센트가 넘는 연금지급률 등 정부 재정에 기대어 흥청망청 소비한 결과다. 그 외에도 태풍의 중심부에 'PIGS' 또는 'STUPID'라 불리는 나라들이 지목되고 있다. IMF 대선배라 할 수 있는 우리는 전 국민이 하나가 되어 이불 속에 숨겨둔 돌 반지를 꺼내 들고 나왔던 민족이다. 당시 모인 금이 23억 달러 정도라고 하던데 다른 나라 사람들이 볼 땐 눈이 휘둥그레질 일이 아닐 수 없다.

10여 년이 지난 현재 한국은 교과서적 사례_{textbook recovery}라 불리며, '위기탈출 넘버원' 국가로 부상하고 있다. 이와 관련해 세계 최고의 브레인 집단이라 불리는 골드만삭스는 신흥 강대국인 브릭스에 한국을 넣어 'BRICKs'라고 불러야 한다고 주장한 바 있다. 최근 세계 언론도 주목하며 '한국에서 배워라'고 코칭하고 있다. 일본의 〈니혼게이자이〉는 2010년 가을 특집기사에서 한국 기업의 약진 비결을 우리의 '빨리빨리' 기질이 이룬 스피드 경영에서 찾고 있다. 그러나 보다 근본적인 이유는 '국가적 러닝_{national learning}'에 있다.

여기서 '러닝_{learning}'이란 연구개발, 개선과 혁신, 경험 등을 통해 개인 또는 조직의 질적 수준을 제고하는 것이다. 하지만 우리는 이를 학습이라 부르며 주로 공부한다는 뜻으로 쓰고 있다. '학습조직_{learning organization}'이란 혁신 기법이 뜨지 못한 이유도 학습을 무슨 연수원 교육 강화 정도로 이해하는 명사 해석의 한계에서 비롯된 것이다.

한문으로 보면 학습은 '학學'과 '습習'의 합성어다. 즉, 배우고 익힌다는 의미다. 여기서 보다 중요한 의미는 후자에 있다. 전자가 두뇌의 문제라고 한다면, 후자는 가슴을 거쳐 손과 발로 연결되는 구체적이고 실증적인 프로세스다. 날개를 품은 글자처럼, 이는 높은 상태로 나아간다는 뜻으로 경험이 주는 선물, 즉 '변화'를 의미한다.

학습 이론은 기업 경영뿐만 아니라 국가 경영에도 그대로 적용된다. 세계 역사를 보아도 역사나 문명의 발전 또한 국가적 학습 과정에 다름 아니다. 한국은 이제 구조조정의 달인이다. 막대한 수업료를 지불하고 배운 초보 기술자가 어느덧 지도 교관이 된 셈이다.

그동안 우리도 모르는 사이에 정부, 지자체, 공공기관, 민간기업, 연구소, 대학 등이 상호 유기적으로 연결되어 학습 생태계가 창조되어 왔다. 이는 명실상부한 '학습 수출 국가' 가 된 것을 의미한다. 과거 하드웨어 일색의 수출 구조와는 차원이 다른 고난도 전략이다. 단순한 전자 부품이나 세트 제품을 만드는 것이 아니라 대규모 설비나 플랜트를 운영 노하우 및 유지관리보수 스킬을 엮어 함께 파는 패키지 딜이 매우 유망하다. 예를 들어 2009년 봄에 벌어진 카자흐스탄 원전 수주 건은 한전의 설계 및 시공 능력, 삼성그룹의 정보력, 정부의 외교력 3박자가 결합된 새로운 성공 방정식으로서 과거와는 전혀 다른 새로운 학습 수출 방식을 보여주었다. 이처럼 국가적 학습이야말로 그동안 따로 놀았던 정부, 공공, 민간이라는 별개의 시스템의 호환을 가능케 하는 미래형 열쇠인 것이다.

'배워서 남 주나' 란 말이 있다. 어렵게 배운 것을 남에게 주기란 쉽지 않을 것이다. 그러나 기업 경영에 있어선 주는 것이 중요하다. 정보 수신형보다는 정보 발신형이 성과가 좋은 법이기 때문이다. 이제 한국은 더 이상 19세기형 고요한 아침의 나라가 아니며, 21세기 '동방학습지국' 으로 새로 태어나야 한다. 학습이야말로 선진국으로 가는 확실한 열차 티켓이다. 이러한 흐름의 주역인 우리 기업들은 글로벌 차원에서 '러닝머신_{learning machine}' 이 되어야 한다. 세상은 넓고 줄 것은 많기 때문이다.

11

인생은 3모작이다
– 내 마음의 보물찾기

지구상 수많은 나라에서 행해지는 아이들의 놀이는 너무나 다양하다. 그러나 어느 나라에나 있는 공통적인 놀이가 있는데 그것은 바로 보물찾기다. 누구나 어릴 적 소풍 가서 미리 선생님이 숨겨놓은 보물을 찾아 숲 속을 이 잡듯이 뒤진 기억들이 있을 것이다. 시커먼 나무 등걸 속에 숨겨진 보물을 발견했을 때의 기쁨은 그 무엇과도 바꿀 수 없는 소중한 추억이었다. 전 세계의 어린이들이 떨리는 마음으로 하던 이 보물찾기가 주는 교훈은 무엇일까?

나이가 들어가면서 우리는 보물찾기를 중단하게 된다. 그러나 사실 진정한 보물찾기는 이제부터다. 우리에게 가장 소중한 보물은 바로 자기 자신이란 것을 깨닫지 못하고 일생을 보내는 사람들이 의외로 너무 많다. 하늘이 주신 세상에 단 하나밖에 없는 달란트를 가진 자기 자신에 대한 발견이야말로 진정한 보물찾기다. 결국 보물은 나무 밑이나 동굴 속에 있는 것이 아니라 바로 자신의 마음에 있다는 걸 깨달을 때 비로소 자신의 '업業, karma'을 이해하게 된다.

사실 너무나 빠른 게 세월이다. 인간의 수명은 과학적으로 120세 정도라 한다. 동양에서는 인생을 크게 둘로 나눈다. 12간지가 한 바퀴 돌면 이를 가리켜 환갑이라 하고 대개 은퇴를 하게 된다. 축구로 말하면 전반전, 후반전이다. 여기서 중요한 것은 후반전이다. 축구나 인생이나 역전의 묘미는 후반에서 벌어진다. 오죽하면 야구는 '9회 말 투아웃부터'란 말이 있지 않은가.

반면 서양은 인생을 3단계로 나눈다. 첫 번째 시기는 청소년기다. 이때는 자신이 누구인가 하는 것이 화두다. 그것을 알기 위해 청소년은 교육을 받는다. 두 번째 시기는 30~40대로 사회에 나가 자립을 통해 홀로서기를 해야 하는 때다. 주로 직업을 갖게 되며 경제활동을 통해 돈을 벌어야 한다. 문제는 세 번째 시기인데 영어로는 'Third Age'라 부른다. 이때가 되면 비로소 가장 좋아하는 일을 하면서 사회에 봉사하는 길을 가게 된다. 이를 위해선 나의 내면과의 대화, 자연과의 대화, 그리고 결국엔 신과의 대화가 필요하다. 결국 인생은 '3모작'이라는 것으로, 우리는 일생에 걸쳐 3번 수확을 해야 하는 셈이다.

흥미로운 것은 힌두교인데 여기선 사람의 일생을 4단계로 나눈다. 25세, 50세, 75세, 그리고 그 이후다. 75세가 되면 자신이 번 돈을 전부 기부하고 탁발을 하여 먹고살라고 한다.

앞서 이야기한 두 번째 모작에서 하는 일들을 가리켜 우리는 직업이라 부르지만 사실 진정한 본업은 3모작기에 하는 것이다. 보통 나이로는 50대, 60대 이후가 될 것이다. 그러나 놀랍게도 많은 사람들이 정년퇴직, 명예퇴직 등으로 2모작을 마치면 가장 중요한 3모작기를 그냥 허송하는 경우가 너무나 많다. 그들이 내세우는 이유는 대부분이 경제적 이유다. 한마디로 돈이 없다는 것이다. 그러나 실상 3모작기에 필요한 것은 바로 자신과의 연애이자 사회와의 결혼이다.

3모작 설계의 시작은 자신이 세상에 온 이유가 무엇일까를 고민하는 것에서 출발한다. 우선 '소명vocation'이란 말을 이해해야 한다. 소명이라는 단어는 목소리voice를 뜻하는 라틴어에서 연유한 것으로, 내가 들어야 할 부름의 소리다. 이 소리는 하나님이 개인에게 내린 소중한 명령이다. 요컨대 하늘이 자신에게 부여한 임무(미션)를 이해하는 것이 핵심이다. 여기서 하늘의 부름에 응하고 답신response하는 능력이 바로 책임responsibility이다. 소명을 기독교에선 'calling'이라고 하는데 죄 많은 세상에서 살던 자가 어떤 특별한 목적을 위해 하나님의 부름을 받고 구원에 이르는 것을 말한다. 하늘에서 전화call를 해도 내가 통화 중이라면 받을 수가 없다. 하지만 자신이 이 세상에 온 이유(업)를 이해하는 사람이라면 언제라도 그 전화를 받을 수 있다. 인생 3모작기엔 자신이 가장 잘하는 일을 해야 한다. 그것은 바로 자신이 가장 좋아하는 일이다.

재기 발랄한 젊은 세대와 기득권층 사이에서 이른바 '낀 세대'라며 자신들을 비하하는 이 땅의 산업화 주역들은 이제 비로소 물을 만난 것을 깨닫고 3모작에 뿌릴 씨앗과 거름을 준비하는 데 땀을 흘려야 할 것이다.

5부

10년 후의 한국

"2020년 한국이 독일을 추월하고

2025년에는 세계 3위 경제 대국이 된다"고 하면 믿을 수 있겠는가?

평소 자신의 조국을 우습게만 보아온 사람들은 무슨 꿈같은 소리냐고 하겠지만

이것은 골드만삭스의 보고서에서 나온 말이다.

골드만삭스는 지난 2005년 이래 미래 30년간의

세계 경제지도 변화를 연구하여 보고서를 발표해오고 있다.

구체적으로 2010년 초 발표한 미래의 세계 경제지도에서는

한국의 경제 규모GDP가 2025년 세계 9위로 올라설 것으로 예측했다.

01

품질한국_{Q-Korea}의 길

전 세계인을 잠 못 들게 하는 지구촌 최대의 축제는 역시 월드컵이다. 지난 2006년 독일에서 열린 대회 또한 새로운 기록을 양산해낸 바 있다. 그 옛날 독일제made in Germany 하면 떠오르는 것은 한마디로 '견고' 그 자체였다. 포도주와 향수로 상징되는 프랑스는 '격조', 구찌와 베네통의 이탈리아는 '패션'이다. 그리고 일본은 '품질'로 각인되어 왔다. 일본이 품질이라는 국가 브랜드를 갖게 된 데는 2차 세계대전 후 일본에 품질관리QC 이론을 전수한 미국의 에드워드 데밍Edward Deming 박사의 공이 크다. 이에 반해 우리 한국제는 특별히 떠오르는 이미지가 없이 세계시장에서 그저 그런 싸구려 취급을 받아온 것이 사실이다.

해방 이후 일본을 벤치마킹하며 성장해온 한국 경제는 지난 1970~1980년대 일본에서 건너온 5S, 현장분임조 등 품질관리체계TQC를 제조 현장에 접목시키며 경제성장의 돌파구를 열었다. 그러던 중 미국에서 태동한 품질경영 이론이 소개되면서 1990년대 초 비로소 종합적 품질경영Total Quality Management(TQM)이라는 새로운 품질 패러다임을 맞게 된다.

지금은 세계 최고의 경쟁력을 구가하고 있는 삼성도 품질과의 지독한 전쟁을 치러냈다. 1990년대 초 삼성의 이건희 회장은 미국 LA의 대형 가전매장을 방문했다가 매장 한쪽 구석에서 먼지를 뒤집어쓴 채 처박혀 있던 삼성전자의 TV를 보고 커다란 충격을 받았다고 한다. 이 사건은 "마누라와 자식만 빼고 다 바꿔라"라는 말로 너무나 유명한 〈프랑크푸르트 선언〉의 시발점이었다.

1993년 6월 7일 독일 프랑크푸르트 켄벤스키호텔에서 이건희 회장이 내세운 프랑크푸르트 선언의 핵심은 양보다 질이었다. "오로지 질 100퍼센트, 이것이 프랑크푸르트 선언으로 시작된 신경영의 요체다." 손욱 전 삼성종합기술원장이자 농심 회장의 말이다. 이 선언 이래 삼성은 경영의 모든 초점을 품질에 맞추게 되었다. 이른바 '질경영'의 시작이었다. 2년 후 삼성은 애니콜 2000대를 임직원들에게 선물로 돌렸으나 그들의 입에서 통화에 문제가 있다는 지적이 나오자, 그해 3월 구미 공장에서 수천 명의 직원들이 지켜보는 가운데 시중에 나간 제품을 모두 수거하여 망치로 부순 뒤 타오르는 불 속에 던져버렸다. 여기서 이 회장은 "불량품은 암이다"라고 선언했다. 그때 불태워버린 휴대전화 대수가 무려 15만 대였으며 금액은 당시 시가로 500억 원이었다고 한다. 이게 바로 그 유명한 애니콜 화형식 사건이다.

품질을 경영 제1조 제1항으로 채택한 품질 여정quality journey의 결과는 10년 만에 나타났다. 2002년 4월 미국 증권거래소SEC는 세계 3대 전자 메이커인 소니와 삼성전자의 시가총액이 역전되었음을 알렸다. 우리가 30년 동안 배운 전자왕국 일본의 대표 기업을 제친 것이다. 영국의 〈파이낸셜 타임스Financial Times〉가 "학생이 선생을 앞질렀다"고 보도한 것은 바로 이때였다.

한편 현대자동차는 미국 시장에서 조롱과 멸시의 대상이었다. 1986년 미국에 처음 수출된 엑셀의 별명은 '일회용 차' 또는 '붙어 있는 건 다 떨어지는 차' 였다. 미국의 한 언론은 현대의 영문 이니셜을 빗대어 "값이 싸면서도 운전할 수 있는 차는 없다는 걸 이해해주기 바란다Hope You Understand Nothing's Driveable And Inexpensive"라고 빈정대기도 했다. 심지어 1998년 10월 30일 미국 CBS방송의 간판 토크쇼 진행자인 데이비드 레터맨은 '우주인을 놀라게 하려면?' 이라는 문제를 냈다. 답은 '우주선 계기판에 현대차 로고를 붙여라' 였다.

그러던 현대자동차가 놀라운 변신을 이루어냈다. 지난 2006년 6월 미국 소비자들이 매기는 품질 평가에서 세계 3위에 올라서는 꿈같은 사실을 연출해낸 것이다. 현대자동차는 미국 시장조사기관 JD파워가 실시한 초기품질지수IQS 조사 결과에서 102를 기록하여 도요타(4위, 106), 혼다(6위, 110), 아우디(18위, 130), 벤츠(27위, 139) 등을 제쳤다.

그러나 이러한 현대자동차의 품질 수준은 하루아침에 이루어진 것이 아니다. 최초 포니와 엑셀로 힘겨운 품질 여행을 시작한 이래, 현대의 소나타는 이미 지난 2004년 국내 브랜드로서는 처음으로 중형차 부문 1위를 차지하며 신차 품질 조사에서 사상 처음으로 도요타를 제치고 4위에 올랐다. 당시 조사 결과에 대해 미국의 한 유력 자동차 전문지는 "사람이 개를 물다Man bites dog"라고 표현하는 등 한국 차의 품질 약진에 대해 경악을 금치 못했다. 현대자동차는 2003년 상반기까지만 해도 전체 36개 브랜드 가운데 23위로 하위권에 머물렀지만 2005년 10위에서 2006년에는 7단계나 수직 상승하는 빛나는 성과를 이루어냈다.

이러한 기적적인 성과는 무엇보다 정몽구 회장에 의해 강력하게 추진되어온 '품질경영'의 결실이었다. 결국 10여 년간 지속된 '품질 제일Quality 1st'의 메시지가 엄청난 결과를 몰고 온 것이다. 따지고 보면 현대가 그동안 미국 현지에서 전개해온 '10만 마일 무상보증'이라는 파격적인 마케팅은 품질에 대한 자신감 없이는 상상조차 할 수 없는 일이다. 현대차 아반떼가 2008년부터 4년 연속 모든 자동차 브랜드를 제치고 최우수 소형차로 선정된 것이 그것을 증명한다.

2011년 드디어 품질한국을 빛낼 쾌거가 들려왔다. 현대·기아차가 미국 자동차시장에서 '꿈의 시장점유율'이라고 하는 10퍼센트를 확실히 돌파할 것으로 알려졌다. 미국 자동차 전문매체인 트루카에 따르면 현대·기아차의 2011년 5월 미국 판매량이 11만 5434대로, 10.9퍼센트의 시장점유율을 기록할 것이라는 전망이었다. 이는 현대·기아차가 미국 시장 진출 25년 만에 벤츠, BMW, 도요타를 제치고 수입 자동차 브랜드로서는 1위를 차지한다는 의미이기도 했다. 이후 미국 내 점유율은 GM과 포드, 일본 업체의 협공으로 약간 밀려났으나 분명 무시할 수 없는 강자로 떠오른 것만은 사실이다.

기업의 질은 제품(서비스)의 질이며 이는 국가 브랜드로 연결된다. 국내 대표 기업들의 이러한 약진은 최근 중국, 동남아 등에서 뜨거운 한류 열풍과 맞물려 이제 한국제는 고급이자 멋진 것이라는 이미지로 재탄생되고 있다. 이러한 변화는 자동차에서부터 TV, 휴대전화, 화장품, 라면에 이르기까지 우리 기업들의 품질이 뒷받침되지 않고서는 불가능한 일이다.

여기서 우리가 잘 모르는 우리 조상의 품질경쟁력을 돌이켜 볼 필요가 있다. 품질한국의 대표작은 해인사에 소장되어 있는 팔만대장경이다. 팔만대장경은 정확하게는 총 8만 1340경의 방대한 불사로, 고려 고종 때인 1236년부터 1251년까지 연인원 2만 명을 동원하여 탄생한 세계적인 정신 자산이다. 구체적으로 보면 4만여 자의 한자를 사용하여 총 5200만여 자에 달하는 글자를 목판에 새긴 것이다. 여기에는 남해와 거제산 자작나무를 사용하여 10년간 소금에 절이고 찌고 말리는 공정을 거쳐 균열을 방지하고 마지막으론 옻칠을 하여 부식을 방지한 놀라운 과학기술이 숨어 있다. 그 결과 760년이 지난 오늘까지 원본이 하나도 손상되지 않았다. 더욱 놀라운 것은 1000여 명의 각수들이 16년간 참여한 방대한 프로젝트임에도 불구하고 목각한 글자의 오자와 탈자가 전혀 없고 마치 한 사람이 쓴 것처럼 일관된 구양순체로 완성해냈다는 점이다. 현대 공업의 완벽한 품질 수준을 나타내는 식스시그마를 넘는 경이적인 품질 수준이 아닐 수 없다.

이제 그동안 세계에 알려진 한국의 브랜드는 바뀌어야 한다. 원래 우리 민족 DNA의 핵심인 혁신과 창의성을 최대한 발휘하여 과거의 싸구려 제품, 불량품, 카피 제품과 같은 열등한 이미지를 벗고 품질, 디자인, 서비스를 아우르는 미래형 선진 품질 국가로 거듭나야 한다.

한편 품질 개념은 날로 진화하고 있다. 현재 세계적으로 품질에 대한 개념은 과거 제품의 규격, 성능이나 서비스의 수준을 의미하는 차원에서 제4세대 품질 개념인 '경영의 품질'로 발전하고 있다. 요컨대 해당 제품을 만드는 기업의 경영진 품질을 포함한 경영 시스템 전체의 질을 따지는 시대가 된 것이다. 품질 개념은 비단 기업 경영에만 적용될 일이 아니다. 개인의 생활에서부터 가정, 학교, 공공기관, 나아가 정부에 이르기까지 품질경영의 철학, 원리와 기법이 광범위하게 적용되어야 한다.

월드컵 축구에서 이기는 것은 기분이 좋은 일이다. 그러나 품질의 월드컵에서 이기는 것만큼 중요한 일은 없다. 운동경기의 메달과 선진국의 순위는 다르다. 선진국으로의 꿈은 '품질한국Q-Korea'을 통해서만 가능하기 때문이다.

02

'예산품藝産品'을 만들자

제3의 물결로 유명한 앨빈 토플러는 그의 역저 《부의 미래Revolutionary Wealth》에서 시간, 공간, 지식이 다가올 미래 사회의 혁명적 부富를 생산하는 시스템적 기반이며, 미래 사회의 모습을 파악하기 위해서는 이 3가지의 변화상을 읽어내야 한다고 주상했나. 어기서 그가 말하는 부는 단순히 돈이나 자산을 넘어 유·무형의 소유로 욕망을 충족시키는 것, 즉 효용을 가진 모든 것을 일컫는다.

토플러는 시간이라는 변수에 대해 미국의 경우를 들어 설명했다. 첨단기술로 중무장한 기업이 시속 100마일로 맨 앞에서 달려나가고 있고, 그 뒤를 NGO가 바짝 추격하고 있으며 노조, 정부, 학교 등은 한참 뒤에서 달구지 속도로 따라오고 있는 꼴이라고 했다. 현대판 토끼와 거북이가 아닐 수 없다.

따라서 세상 모든 변화의 격랑의 중심에 서 있는 것이 바로 기업이며 경영이다. 경영에서의 변화야말로 이 세상 무엇보다 빠른 속도를 보이고 있다. 이는 무엇보다 고객 니즈 측면에서 10인 1색을 넘어 1인 1색, 나아가 1인 10색을 보이고 있기 때문이다. 기업의 변화는 그들의 최종 산물인 상품과 서비스의 변화로 나타날 수밖에 없다.

한편 인간의 뇌는 좌우 2개 부분으로 나뉘어 왼쪽 뇌가 주로 이성적 판단을 맡고 있다면 오른쪽 뇌는 감성적 판단을 하는 것으로 알려져 있다. 왼쪽이 하이테크$_{物}$라면 오른쪽은 하이터치$_{心}$인 셈이다. 정보화가 본격적으로 진행되면서 현대에는 논리를 중시하는 좌뇌형보다는 감성이나 창조성을 갖춘 우뇌형이 더욱 강조되고 있다. 이에 따라 감성공학, 감성경영, 감성지능 등 인간의 마음을 잡기 위한 전문적 시도가 다양한 분야에 걸쳐 이루어지고 있다. '이매지니어'라 불리는 디즈니의 전문가들도 인간의 다양한 상상력을 공학적으로 연결시킴으로써 꿈을 현실로 만드는 사람들이라 할 수 있다. 우리가 미국 디즈니월드에서 만나는 신비로운 테마파크의 세계는 바로 이들의 작업 결과다.

2000년대 중반 국내 기아자동차가 내보낸 광고를 보자. 신차를 출시하면서 붙인 광고 콘셉트는 '아름다운 고성능'이다. 이제 전통적인 성능 위주의 품질 개념으로는 소비자의 마음을 잡을 수 없다. 한 일본인 학자는 고객의 마음, 즉 우뇌에 직접 호소하는 제품 요소를 가리켜 '매력 품질'이라고 정의하고 이러한 분야를 가리켜 '우뇌 산업'이라 불렀다. 기능성, 편리성, 내구성 등만 가지고는 더 이상 시장에서 이길 수 없다. 브랜드, 디자인, 혹은 향기에 이르기까지 인간의 마음을 강력히

사로잡는 매력이나 감동을 주는 정도가 되어야 한다. 최근 국내에서 주목을 끌고 있는 브랜드 경영, 디자인 경영의 인기는 이러한 경향을 반영한 결과라 볼 수 있다.

요컨대 앞으로의 제품은 인간의 좌뇌와 우뇌를 동시에 만족시키는 방향으로 개발되어야 한다. 이제 산업화 시대의 공산품은 사라졌다. 향후의 상품은 고객의 감동을 유발시키는 하나의 예술품이 되어야 한다. 이는 기존의 공工을 예藝로 승화시키는 것으로 이른바 'Art Engineering'이다. 기술과 문화, 기술과 예술이 융합되면서 소비자들은 보다 새로운 영감을 얻고 이 세상에 단 하나밖에 없는 유니크한 가치를 맛볼 것이다. 프랑스나 이탈리아의 세계적 명품 디자인 업체와 국내 굴지의 제조기업 간의 전략적 제휴(프라다폰이 좋은 사례다)는 이제 그다지 새로운 일이 아니다.

No. 1보다는 Only 1을 지향하는 가치 이동의 트렌드는 향후 디지털 컨버전스 현상과 맞물리면서 세계적 제조업과 서비스업으로 더욱 확산될 것이다. 국내 시장만 보아도 이미 TV, 냉장고, 에어컨 같은 가정용 전자제품이 특별한 가치를 지닌 첨단 예술 모드로 바뀌고 있다. 가전제품인지, 가구인지, 아니면 예술 작품인지 혼동될 정도다. 특히 최첨단 모바일 기기인 휴대전화는 어디까지 발전할지 상상조차 되지 않는 지경에 이르렀다. 바야흐로 '예산품'의 시대가 도래한 것이다.

세계적으로 공업화 시대의 최고 강자는 단연 일본이다. 일본인은 특유의 정교함으로 오토바이, 워크맨, VTR을 만들어 세계를 제패한 바 있다. 이에 반해 정보화 시대의 리더는 미국이다. 인텔, 마이크로소프트,

애플, 최근 구글에 이르기까지 미국인의 소프트웨어 창조력은 단연 독보적이다. 그렇다면 앞으로 다가올 시대의 리더는 누구일까?

좌우가 완벽히 균형을 이뤄야 하는 미닫이형 일본인에 비해 자연의 원리와 조화를 이해하는 여닫이형 한국인은 표준이나 규격과는 애초에 거리가 멀었다. 양국의 국보를 비교해보면 잘 알 수 있다. 우리의 경쟁력이 형편없던 시절, 어느 외국인 학자는 이러한 양국의 차이를 두고 공산품과 공예품의 차이라 했다. 그러나 예산품의 시대인 지금에 와서는 바로 이러한 차이가 가장 귀한 경쟁력이 될 수 있다.

우리가 일본 소니를 제친 것이나 아시아에 불고 있는 한류 열풍 등은 결코 우연이 아니다. 우리 민족의 DNA에 녹아 있는 예술적 기질이 첨단기술과 결합하면서 전 세계 인류를 감동시키는 문화 상품이 쏟아져 나온 결과다. 이제 한국인과 한국 제품이 세계를 열광시키는 시대가 온 것이다.

03

C-비즈니스 시대

지구상에 수많은 언어가 있지만 지구촌 경제가 글로벌화되면서 영어의 위력은 날로 커져만 가고 있다. 전 세계 모든 지식 자산의 약 80퍼센트가 영어로 기록되어 있음을 볼 때 영어는 더 이상 외국어로만 볼 수 없다. 영어의 26개 알파벳은 하나하나 각각의 의미가 있지만 그중에서도 'C'의 의미는 매우 각별하다. 흥미로운 것은 C는 B(출생)와 D(사망) 사이에 있다는 사실이다. 우리네 삶이란 결국 생과 사의 가운데에서 매일 매순간 '선택choice'하는 것이 아닐까.

돌이켜보면 IT가 일반화되면서 몇 년 전부터 소위 'e-비즈니스'의 바람이 거세게 불어닥쳤다. 학교마다 관련 전공 학과가 우후죽순으로 생겨났으며, 웬만한 광고나 디자인에 전자기술을 상징하는 'e'라는 글자가 홍수처럼 범람했다. e-Korea라는 브랜드도 이때 등장했다. 그 뒤를 이어 등장한 것이 전문 통신 용어로서 'U_{Ubiquitous}'이다. 그러나 디지털 사회로의 진입이 본격화되면서 이제 그 열풍은 점차 식고 있다. 첨단 정보기술의 유통이 보편화되고 지구촌 경제가 인터넷으로 실시간 연결되며, 구글의 위성(구글 어스)으로 세계 모든 지역의 움직임을 안방에서 손금 보듯이 들여다볼 수 있는 시대에 우리에게 필요한 것은 무엇일까? 이러한 사회적 트렌드에 대한 예측은 소비자의 니즈를 즉각 반영해야 하는 긴박한 경영 현장에서는 매우 절실한 문제다.

향후 우리에게 가장 어필할 수 있는 키워드는 바로 'C'로 시작하는 분야라 사료된다. 이는 크게 '4C'로 요약된다.

첫째, 창조성_{Creativity}이다. 평생 배운 지식의 양이 CD-ROM 한 장에도 못 미치는 현실에서, 기억 용량으로 성능을 따지는 컴퓨터와 달리 인간에게 가장 필요한 것은 바로 창조적 사고일 것이다. 감성과 창조성이 뛰어난 우뇌형 인간이 주목받는 시대다. 하이테크가 숭상되고 디지털화가 가속화될수록 인간에게 감동을 주는 것은 바로 자연의 바람 소리와 같은 아날로그형 기호다.

둘째, 콘텐츠_{Contents}다. 전 세계 수많은 나라가 있지만 그 역사가 5000년을 넘는 나라는 중국과 우리나라 둘밖에 없다. 해인사에 보관되어 있는 대장경만 보아도 종주국 인도를 제외하면 우리밖에는 없다. 전 세계 사람들이 좋아하는 것은 결국 재미있는 이야기_{story-telling}다. 그리고 이는 오랜 역사를 가진 사회에서만 추출될 수 있다. 그런 점에서 작금에 부는 한류의 바람은 유구한 우리 역사의 방대한 콘텐츠가 비로소 세계인에게 인정받고 있음을 보여준다.

이제 기술은 넘쳐나고 있다. 정작 필요한 것은 기술이라는 그릇에 담을 수 있는 음식의 내용과 질이다. 동남아 각국에서 시청 가능한 위성방송 채널만 수백 개가 넘는 현실에서 그 많은 방송 시간을 무엇으로 채워 넣을 수 있겠는가? 이제 사람이나 조직이나 콘텐츠가 있어야 생존하는 시대가 온 것이다. 이는 토익 점수 몇 점과 같은 차원의 문제가 아니다. 그것은 인간과 역사, 문화에 대한 이해와 지식이다. 하루 종일 컴퓨터 앞에 앉아 근무하는 상황에서 제대로 된 콘텐츠가 생겨날 리 없다. 중요한 것은 생각하는 능력How to think 그 자체다.

셋째, 커뮤니케이션Communication이다. 경영의 흐름을 보면 여성 패션처럼 시대별 유행과 같은 패턴을 보게 된다. 지난 1990년대만 보더라도 다운사이징, 벤치마킹, 리엔지니어링의 열풍이 불고 난 뒤 고객만족, 변화관리, 식스시그마에 이르기까지 시대별 경영의 흐름을 대표하는 기법이 유행했다. 이제 각종 경영 기법은 첨단 IT와 접목되면서 더 이상 발전하기 곤란한 정도로까지 발전하고 있다. 하지만 경영자들이 그토록 원하던 경영관리 기법이 엄청나게 발전함에도 불구하고 경영자의 고민은 줄어들지 않고 있다. 결국 경영은 사람의 문제이며 커뮤니케이션의 문제다. 경영은 시스템이지만 그 시스템을 운용하는 주체는 결국 사람이기 때문이다.

어떤 정부부처든, 또는 어떤 공공기관이나 민간기업이든 평가를 해보면 상하 간, 동료 간, 부서 간 커뮤니케이션 문제가 없는 곳이 없다. 인간 질병의 대부분이 순환계 질병인 것처럼 조직도 마찬가지인 것이다. 이러한 조직 내 커뮤니케이션 채널 운용의 수준과 결과는 조직문화로 귀결된다. 따라서 조직의 경쟁력은 바로 커뮤니케이션에 달려 있다고 해도 과언이 아니다.

C-비즈니스의 마지막 키워드는 바로 문화Culture다. 문화란 모든 요소의 종합이다. 오늘날 우리의 IT 수준은 세계 최고임에도 불구하고 우리 국민 어느 한 사람도 우리나라를 선진국이라 생각하는 사람은 없다. 인터넷 공간을 꽉 채우는 세계 최고로 현란한 비속어들을 보면 그 이유를 알 수 있다. 선진국이란 결국 문화 수준이 높은 나라다. 개인이나 조직도 마찬가지다. 세계적인 오케스트라를 초청해서 듣는 우아한 자리에서 울려대는 휴대전화 소리나 지하철에서 안방처럼 떠드는 상황에서 선진국의 꿈은 물 건너간 이야기다. 환율 변동의 결과로 가만히 앉아서 소득 2만 달러가 되어버린 오늘날, 진정한 선진국으로 도약하려면 범국가적인 'C-Korea'로의 전환이 필요하다. 향후 경영의 화두가 'C'로 집중되어야 하는 이유 또한 바로 여기에 있다.

04

신 성장엔진을 찾아라
– Hard에서 Smart로

불과 몇십 년 전 우리나라 1인당 GDP 수준은 전 세계에서 가장 가난하다는 아프리카 국가들보다도 못한 수준이었다. 하지만 놀랍게도 이 사실을 아는 사람은 그리 많지 않다. 나이키를 신고 아이팟을 들으며 휴대전화 게임에 빠져 있는 신세대들은 말할 여지도 없다. 명품 매장이 붐비고 외제차가 즐비한 서울 시내를 걷다 보면 참으로 격세지감을 느끼게 된다. 그러나 이 모든 풍요는 갑자기 하늘에서 뚝 떨어진 것이 아니라 수많은 사람들의 피와 땀으로 이룩된 것이다.

돌이켜 보면 '주식회사 대한민국'의 비전은 전쟁 후 폐허 속의 암울한 1960년대가 가고 희망의 1970년대가 다가왔을 때 만들어졌다. 경영 슬로건은 '잘살아보세'였다. 실로 누구나 알아듣기 쉽고 명쾌한 구호가 아닐 수 없다. 당시 사장인 박정희는 1인당 소득 100달러, 수출 1억 달러에 불과한 회사를 10년 후 100배 성장시키겠다고 구체적인 비전을 선언했다. 그러나 이를 믿는 사람은 해외는 물론 국내에서도 없었다. 당시로선 지구상 어떤 나라의 성장률을 갖다 대도 견적이 안 나오는 일이었기 때문이었다.

나라 전체가 목표 달성을 위해 한마음으로 뛰었다. 이쑤시개에서 운동화까지 팔 수 있는 것이면 무엇이든 내다 팔았다. 1977년 12월 22일 오후 4시, 수출액이 100억 달러를 돌파했다. 당시 국무위원들은 너나없이 얼싸안고 감격의 눈물을 흘렸다. 도저히 불가능해 보였던 목표를, 그것도 몇 년이나 앞당겨 달성해버린 것이다. 이를 두고 외신은 '한강의 기적'이라 불렀다. 그로부터 30여 년이 지난 2011년 말 우리는 수출 5000억 달러를 넘겨 G7 국가인 영국과 이탈리아를 제치고 세계 7위의 위업을 달성했다. 따지고 보면 반세기도 채 안 되는 기간에 매출액이 5000배 증가한 셈이다. 일찍이 피터 드러커 교수는 2차 세계대전 이후 인류가 이룩한 성과 중 가장 놀라운 것은 바로 한국이라고 한 바 있다. 일본 아키하바라에서 사온 전자제품을 밤새 분해해 역조립하면서 기술을 익혀 만든 전자제품은 이제 소니와 마쓰시타를 능가하고 있다. 해외여행 후 김포공항에 너도나도 줄줄이 들고 왔던 코끼리 밥통도 더 이상 볼 수 없다. 불량의 대명사로 불리던 현대가 미국 자동차시장에서 최우수 평가를 받아내고 있다.

1970년대 당시 설정한 국가적 벤치마크는 놀랍게도 우리보다 10배 잘사는 필리핀이었다. 그러나 지금 필리핀은 하루에 1달러로 먹고사는 가구 수가 30퍼센트에 달할 정도로 경제 빈국이 되었다. 이미 국내 1위

그룹인 삼성그룹 매출이 필리핀 GDP 규모를 넘은 지 오래다. 국내 4대 그룹을 합하면 덴마크, 노르웨이, 사우디아라비아를 넘어선다. 선진국 여부를 가리는 중요 기준이자 전 세계 핵심 산업인 철강, 자동차, 반도체, 전자, 조선, 석유화학 업종에서도 우리 기업들의 상당수가 최상위권에 진입하고 있다. 실로 자랑스러운 한국인이 아닐 수 없다.

여기서 만약 "2020년 한국이 독일을 추월하고 2025년에는 세계 3위 경제 대국이 된다"고 한다면 믿을 수 있겠는가? 평소 자신의 조국을 우습게만 보아온 사람들은 무슨 꿈같은 소리냐고 하겠지만 이것은 골드만삭스의 보고서에서 나온 말이다. 골드만삭스는 지난 2005년 이래 미래 30년간(2010~2050년)의 세계 경제지도 변화를 연구하여 보고서를 발표해오고 있다. 구체적으로 2010년 초 발표한 미래의 세계 경제지도에서는 한국의 경제 규모GDP가 2025년 세계 9위로 올라설 것으로 예측했다. 미국, 중국, 일본, 독일, 인도, 영국, 프랑스, 러시아 다음이다. 또한 2050년엔 중국이 미국을 2위로 밀어내고 세계 최대 경제 대국의 자리를 차지하며, 한국은 인도, 일본, 브라질, 멕시코, 러시아, 독일, 영국, 프랑스, 인도네시아, 나이지리아에 이어 13번째가 된다고 전망했다.

놀라운 것은 1인당 소득에 대한 전망이다. 2020년 한국의 1인당 소득은 세계 4위, 2025년엔 5만 달러를 넘어 미국, 일본에 이어 세계 3위가 되고, 2050년엔 8만 1462달러로 미국에 이어 세계 No. 2가 된다는 것이다. 결국 경제 규모는 브릭스, 즉 브라질, 러시아, 인도, 중국에 뒤지겠지만 생활수준만큼은 현재의 G7 국가들을 모두 제치고 세계 최고가 된다는 것이다.

포스코, 삼성전자, SK텔레콤이 지난 50년 동안 우리의 밥그릇이었다면 앞으로 50년은 무엇이 우리를 먹여 살릴까? 한 조사 결과에 따르면 국내 기업 CEO들의 고민은 '새로운 성장 동력 발굴'에 집중된 것으로 조사됐다. 역시 10년 후 우리들의 먹을거리 걱정이 가장 문제인 셈이다. 이미 국내 주요 그룹의 신사업 개발 부서가 정신없이 돌아가고 있다. 생명공학, 신에너지, 환경, 항공우주 등 새로운 입시 과목의 출제 경향과 기출 문제 파악을 위해서다.

한편 2007년 시사주간지 〈타임〉은 "근육만 쓰던 한국인이 이젠 머리를 쓰기 시작했다"고 보도했다. 제조왕국이라고 불리는 일본조차 미래 전략 산업의 대종을 서비스 산업으로 잡고 있다. 어쨌든 이제는 두뇌 산업을 육성해야 한다. 우리는 이제까지 성실, 근면, 노력을 최고의 덕목으로 삼고 살아왔다. 그러나 세계 최강국으로 가기 위해선 아직 부족하다. 부지런한 손발을 밑천으로 살아온 우리지만 이제는 영리한 두뇌와 감동을 주는 마음으로 승부해야 한다. 한마디로 지혜와 정성이 필요하다. 우리나라의 향후 키워드가 '열심히hard'가 아니라 '스마트smart'가 되어야 하는 이유도 바로 여기에 있다.

05

겨울철 등산
– 불황의 경영학

자식들 성적과 남편 월급 빼곤 다 오른다고들 한다. 백화점에는 경기에 가장 민감하다고 하는 남성 양복을 필두로 가전, 가구 등 내구재 소비가 현저히 줄어들고 있다. 금융 부문의 위기는 실물경기 후퇴로 이어진다는 고전 경기침체 이론의 전형적인 모습을 보이고 있다. 리먼브라더스 사태로 상징되는 미국발 금융위기에 유가 폭등이 가세한 오늘의 형국은 3D Deleverage, Default, Deflation라는 유행어가 말해주듯 지난 1930년대 대공황 시대를 연상하고도 남음이 있다. 특히 상당수 유럽 국가들의 2차 재정위기는 그리스, 포르투갈, 스페인을 넘어 G7 국가인 이탈리아까지 넘보고 있으며 전 세계인에게 더블 딥의 공포를 안겨주고 있다.

국내만 해도 치솟는 물가에 고용 사정은 바닥을 기고 주식시장의 폭락과 맞물려 아파트, 펀드 등 주요 자산이 동시 하락했다. 기름 1리터에 2000원 시대를 맞아 퇴근 시간대 도심에서 여유 있는 주행을 하다 보면 오히려 기분이 섬뜩하다. 모두가 어렵다. 앞으로 얼마나 더 어려워질지 아무도 모를 일이다.

이 같은 불황기에 우리는 경영의 조타수를 어떻게 잡아야 할 것인가? 물론 '위기는 기회다' 라는 불멸의 교훈을 떠올리게 되지만 실제 현장에서 느끼는 고민을 해결하기엔 너무도 숨이 벅차다. 그러나 불황기라 해도 모든 게 죽는 것은 아니다. 불황에 대처하는 위기경영에도 원칙과 기본은 있다. 세상일이란 것이 반드시 음양이 있기 마련이다. 한때 최악의 기름난에 자동차 운행이 현저히 줄어들면서 대기오염도가 호조세를 보였고 만성적자에 시달리던 지하철과 버스 승객이 급증하며 영업이익이 증가세를 보이고 있다고 한다. 버블경기 붕괴 이후 잃어버린 10년을 되찾았다고 주장하는 일본의 비결 또한 2가지로 요약된다. 그것은 바로 기업들의 신기술 혁신과 원가절감 노력이었다. 역시 기본에 정답이 있는 법이다.

《위기십결圍棋十訣》은 바둑을 둘 때 꼭 명심하고 지켜야 할 바둑의 십계명이다. 당 현종 때 바둑 고수인 왕적신王積薪이 지었다고 알려져 있는데, 인생을 비롯하여 정치, 경제, 군사적 판단의 요체로서 수많은 사람들이 애송하고 인용해온 고금의 명구들이 담겨 있다. 그중에서 이 시기에 우리에게 가장 필요한 몇 가지를 요약해본다.

- 기자쟁선棄子爭先: '하수는 돌을 아끼고 상수는 돌을 버린다' 고 하듯이 다소 손해를 본다 하더라도 선수를 빼앗기지 말라는 의미다.

- 사소취대捨小就大: 작은 것을 버리고 큰 것을 취하라. 이를 위해선 무엇이 크고 무엇이 작은가를 아는 것이 중요하다.

- 봉위수기逢危須棄: 위기가 닥치면 과감히 버리고 기회가 올 때까지 기다리라는 것으로 쓸데없는 미련을 떨쳐내야 한다는 의미다.

- 신물경속愼勿輕速: 경솔하거나 졸속으로 두지 말고 신중하게 두라.

- 피강자보彼强自保: 상대가 강한 곳에서는 싸우지 말고 우선 자신을 보호하고 수비에 치중하라. 2보 전진을 위한 1보 후퇴, 즉 향후 도약을 위한 웅크림이 중요하다는 의미다.

- 세고취화勢孤取和: 내 세력이 약하면 화합하라.

결국 불황기에도 찬스가 있고 혜택이 있다. 첫째, 자신이 그동안 벌여놓은 것 중 No. 1, 2를 제외하고는 과감히 정리할 절호의 기회가 온 것이다. 둘째, 연구개발과 학습을 통해 조직의 내공을 기르는 것이다. 셋째는 중요한 인재의 확보다. 호황기와 달리 유능한 인재를 비교적 저렴하게 모실 수 있는 찬스가 바로 지금이다.

불황기 경영은 겨울철 등산과 같다. 추운 겨울철 등반은 같은 산을 올라간다고 해도 여름 산과는 마음의 자세부터가 다르며, 특히 그 준비물과 장비에 있어 단단히 챙겨두어야 한다. 계곡이 깊으면 산이 높고 겨울에도 밀짚모자를 사라고 했던가. 역전의 경영을 위한 발상의 전환이 그 어느 때보다도 필요한 시기다.

06

경영의 올림픽

"자요! 자요!加油! 加油!" 지난 2008년 베이징 올림픽 경기장 어디서나 들려오던 중국 팀의 응원 구호다. 당시 올림픽에서 금메달은 총 303개였다. 이것을 놓고 전 세계 200여 국가가 벌인 전쟁 아닌 전쟁이 바로 올림픽이다.

거대한 냐오차오鳥巢 스타디움에서 중국의 장이머우張藝謀 감독은 역사상 가장 놀라운 개막식 장면을 연출하며 세계인의 탄성을 자아냈다. 인人, 문文, 경京을 합성한 엠블럼 아래 3시간 30분에 1000억 원을 쏟아부은 이벤트는 황하 문명 5000년 DB를 총출동시키며, 강대국의 영광을 재현하겠다는 '강한성당強漢盛唐'의 파노라마를 연출했다. 특히 두루마리형 첨단 스크린 바닥에서 펼쳐진 공자 사상의 핵심 한자漢字 쇼는 마치 무덤 속의 진시황이 노트북 컴퓨터를 들고 나타난 듯한 느낌을 주었다. 얼마 전까지만 해도 '도광양회韜光養晦(조용히 숨죽여 내실을 쌓는다)'를 읊조리던 중국의 TV는 올림픽을 계기로 연일 '부흥지로復興之路'를 외치고 있다.

흥미로운 것은 올림픽 메달리스트들의 만족도 조사 결과다. 상식적 예상과 달리 금, 은, 동 메달 중에서 가장 만족도가 높은 쪽은 금메달이 아닌 동메달을 딴 선수들이라는 사실이다. 금메달에 감격이 있다면 동메달에는 감사가 있다. 아마도 천 길 낭떠러지로 떨어지다가 살아 돌아온 사람의 심경이 그것이리라. 태릉의 스파링 파트너 출신인 레슬링의 박은철이나, 배신자 소리를 들어가며 고행의 길을 다져온 귀화 탁구선수 당예서를 보라. 그들이 흘리는 눈물에는 금메달리스트들의 그것과는 또 다른 화학성분이 있다.

한편 선수들의 메달 경쟁 뒤에는 절대 이에 못지않은 기업들의 치열한 경쟁이 있다. 사실 올림픽 수영의 진짜 승자는 영국 스피도의 불편한 수영복인 '레이저' 라는 말이 있다. 역도 장비는 중국제로 대체되었으며, 양궁에서는 한국 중소기업의 제품인 '삼익' 이 미국의 '호이트HOYT'를 누르고 있다. 경기장 내외로는 GE, 코카콜라, 소니, 삼성 등 글로벌 대기업 간 경쟁이 불꽃을 튀기고 있다. 특히 글로벌 500대 기업인 중국은행, 중국석유화학, 중국생명보험 등을 주요 스폰서 기업으로 선정하고 차이나모바일, 렌샹(레노버), 칭다오맥주 등을 전면에 내세운 중국의 올림픽 마케팅은 아예 스포츠를 빙자한 국가전략 그 자체다.

한국은 당시 최민호, 박태환 선수를 필두로 중국, 미국에 이어 3위를 기록하는 등 초반부터 놀라운 선전을 보인 바 있다. 건국 60주년의 환갑잡치를 중국 수도 한복판에서 벌인 격이다. 경제구조가 선진화되면서 메달 구조도 변했다. 우리도 예전엔 권투, 레슬링, 유도 등 격투기 경기에서나 금메달을 바라보았던 것이 사실이다. 이러한 생존형 구조에서 벗어나 이제는 백인들의 독무대라 일컬어져온 수영에서조차 금메달을 따내고 있다. 향후 국민소득 3~5만 달러 시대에는 요트, 승마, 스키 등 문화형 경기에서 메달을 딸 수 있는 나라로 성장할 것이다.

한편 한국의 메달은 거의 개인 경기에서 나온 것이다. 이는 한국인의 천재성과 집념, 끈기를 상징한다. 물론 '야구는 9회 말 투아웃부터' 라는 말을 실감케 해준 야구팀이나 '우생순(영화 〈우리 생애 최고의 순간〉을 줄인 말)' 의 주역 핸드볼팀이 있기는 하지만 그래도 아직까지 대종은 개인 경기다. 개인의 승리에서 조직적 승리로 이어지는 것이 우리가 가야 할 길이다.

메달 획득의 결정 요인을 분석한 프라이스워터하우스쿠퍼스PWC 모델에 따르면 인구와 경제적 부의 수준은 메달 획득과 대체로 비례 관계를 이룬다고 한다. 그러나 현실에서 보다 중요한 것은 메달의 개수가 아니며 색깔은 더욱 아니다.

과거 올림픽의 최강자였던 동독은 지금은 지도에서조차 찾아볼 수 없으며, 세계 2위의 인구 대국인 인도의 메달 획득은 시드니와 아테네 올림픽에서 각각 한 개씩이었다. 리더십, 전략, 마케팅 등 경영 각 분야를 종목으로 한 경영 올림픽이 열린다면 우리는 과연 몇 개의 메달을 딸 수 있을까?

당시 미국의 여자 펜싱선수로 개인전, 단체전 모두에서 동메달을 딴 대표팀 막내 레베카 워드는 단체전이 끝나자마자 서둘러 짐을 쌌다. 조만간 예정된 듀크대학 입학식에 맞추기 위해서였다고 한다. 체력은 국력이지만 국력이 체력은 아니다. 역시 칼보다 센 것은 펜이기 때문이다.

07
G선상의 경영학

예전엔 미국이 재채기를 하면 전 세계가 감기가 걸린다고들 했다. 지금은 최고 부자이던 미국이 응급실로 가자 세계 거의 모든 나라가 중환자실이나 영안실로 실려가고 있는 꼴이다. 세계화의 본질을 갈파한 《렉서스와 올리브 나무The Lexus and the Olive Tree》를 쓴 토머스 프리드만Thomas Friedman은 전 세계적으로 벌어지고 있는 전대미문의 경제위기 상황을 가리켜 '퍼펙트 스톰perfect storm'과 같다고 했다. 그는 2008년 역작인 《코드 그린Hot, Flat, and Crowded》에서 이러한 상황을 초래한 원인으로 '뜨겁고' '평평하고' '붐비는' 지구적 상황이라는 3가지 글로벌 화두를 제시했다. 이 화두들은 각기 급격한 온난화 등 지구의 기후변화, 디지털과 인터넷으로 상징되는 글로벌 경제화, 2050년 90억 명까지 늘어날 것으로 전망되는 인구의 밀집화를 가리킨다.

누구나 과거는 아름답고, 현재는 고통스러우며, 미래는 불확실하다고 한다. 아무리 고통스러운 경우라 해도 시간이 지나면 해결되는 것이 세상의 이치다. 워렌 버핏은 "다른 사람들이 두려워할 때 탐욕을 부려라. 공포를 매수하라"고까지 했다. 역시 위기는 기회임에 틀림없다. 그렇다면 이 폭풍이 지나면 우리를 기다리고 있는 것은 무엇일까?

그것은 바로 '코드 그린Code Green'이라는 어젠다다. 이는 신에너지-기후 시대를 대비하여 청정 에너지 시스템을 개발하고자 하는 미국의 국가 프로젝트 이름이다. 그 규모나 범위는 어떤 전례도 없는 역사상 가장 기념비적인 것이 되리라고 전망되고 있다. 현재 구상되고 있는 에너지 인터넷ET을 비롯하여 태양광 발전, 바이오 연료, 청정석탄, 수소전지, 탄소포집 기술 등 신재생 및 대체 에너지 기술, 기후산업 첨단기술 개발이 그 핵심이다. EU에서는 '그린 만리장성'이라고 불리는 EuP 지침을 통해 향후 EU에서 유통되는 모든 제품에 높은 에너지 효율과 환경을 고려한 에코 디자인을 의무화하고 있다. 따라서 향후 수출전선 기업들은 녹색성장에서 남보다 경쟁우위를 확보해가는 '아웃그리닝outgreening'의 새로운 전쟁을 치러야 할 것으로 보인다.

이명박 정부가 국정 비전으로 발표한 '저탄소 녹색성장'은 바로 이런 흐름과 그 궤를 같이하고 있다. 구체적으로는 범국가적인 CDM(청정개발 체제)으로의 신속한 전환을 통해 설계, 생산, 판매, 소비 등 모든 경제 사회적 인프라가 친환경적이며 에너지 효율적인 방향, 즉 그린화로 나아가야 할 것이다.

지금까지 인류가 이룩한 산업기술 혁명의 수준은 결국 전기(에너지)

와 디지털(정보)의 두 단계였으나, 이제 21세기 우리들의 앞에는 '탄소 경제 시대'로 상징되는 '환경'이라는 제3단계의 종합시험이 기다리고 있다. 이런 흐름은 분명 생소한 도전이나 선진국 진입 문턱에서 신 성장 동력 발굴에 애태우고 있는 우리에겐 실로 엄청난 기회가 아닐 수 없다. 새로운 산업, 기술혁신, 기업과 일자리 창출이 급속도로 일어날 것이다. 이른바 그린 비즈니스green business의 적응 여하에 따라 국가경쟁력 순위는 물론이고 국내 재계 서열의 판도에도 커다란 변화가 불가피할 것으로 보인다.

얼마 전까지만 해도 '그린green'이라 하면 경영 트렌드 중 하나 정도로 치부되어 왔으나 이젠 모든 분야가 알파벳 'G'로 대표되는 G-코드로 수렴될 것이다. 개인, 기업, 국가 모두에게 '스마트 그린Smart Green'의 자세와 실력을 요구하는 새로운 거대한 지평이 열리고 있는 것이다.

08

한국의 전화위복 錢禍爲福

　작금의 세계 경제위기를 놓고 모두가 가장 궁금해하는 것은 도대체 언제쯤이면 회복되는가 하는 것이다. 이를 두고 워렌 버핏류(낙관파)와 조지 소로스류(비관파)가 팽팽히 맞서고 있다. 광산 갱도가 무너져 깊은 지하에 갇혀버린 사람들의 심리를 연구한 조사에 따르면 대개는 그러한 상황에서 세 부류의 그룹으로 나뉜다고 한다. 희망을 버리지 않는 낙관류, 중도류, 비관류다. 그런데 그들 중 가장 먼저 사망한 그룹은 비관론자가 아닌 낙관론자였다고 한다.

　세계 경제회복의 바로미터는 결국 큰 집인 미국의 상황이다. 미국발 서브프라임 사태로 촉발된 1차 금융 쓰나미의 파도는 파생상품이란 괴물 제조의 주역인 투자은행 업계를 뒤덮고 대형 상업은행에까지 들이닥쳤다. 당시 메이저급 투자은행인 리먼브라더스 파산을 시발로 거대한 금융왕국인 씨티그룹을 비롯하여 BOA, 웰스파고 등이 모두 휘청거렸다. 미국 제조업의 자존심인 자동차 빅 3가 모두 수술대에 올라가야 했으며, 전미 2위의 전자소매업 체인인 서킷시티가 끝내 파산하고 휴대전화 왕국 모토로라의 대대적 감원도 목격되었다.

다른 선진국도 마찬가지였다. 북미 최대 통신장비업체인 노텔, 유럽의 도이치뱅크, HSBC홀딩스도 수혈이 필요하다는 진단이 떨어졌다. 심지어 무적함대 도요타마저도 수조 원의 적자를 냈다. 그러나 급한 대로 불 끈다고 마구 뿌려댄 돈의 후유증은 어김없이 2차 위기로 찾아왔다. 유럽발 재정위기는 워낙 많은 나라가 얽히다 보니 1차 금융위기 때와는 그 양상이나 규모 면에서 해결책이 안 보이는 글로벌 난제로 우리 앞에 다가서고 있다. 유럽재정안정기금의 증액, IMF 지원, 그리스 등의 채무 탕감 같은 다양한 아이디어가 나오곤 있으나 출구는 오리무중이다.

한편 더블 딥 공포를 수반한 먹구름이 전 세계를 감싸오는 와중에 유럽 젊은이들의 '분노의 시위'가 세계 각국으로 번지며 금융위기는 이제 자본주의 자체의 존립 근거를 뒤흔드는 사회적 위기로 치닫고 있다. 상황이 이렇다 보니 주위를 살펴보아도 희망은 거의 찾아보기 어렵고 불 꺼진 공단의 전선주마냥 온통 회색빛 전망 일색이다.

그렇다면 이러한 경제위기 다음에 오는 세상은 어떨까? 냉정을 되찾고 차분하게 역으로 생각해볼 필요가 있다. 물론 우리 경제가 어려운 것은 사실이다. 그러나 다른 나라는 더 어렵다. 얼마 전 고위 재무관료 한 분과 이야기를 나누었는데 그는 이번이 우리가 확실히 선진국 G7 클럽에 진입할 좋은 기회라고 했다. 전 세계 굵직한 연구기관들의 향후 10~ 20년 미래 예측에서 공통적으로 일치하고 있는 것은 세계의 부와 경제적 영향력이 서구에서 아시아로 이동한다는 것이다. 또한 2025년까지 중국과 인도의 GDP가 미국과 일본을 제외한 다른 모든 국가를 합한 것보다 커지며, 유럽과 일본은 성장세가 크게 둔화될 것으로 전망된다. 바로 그러한 미래 경제지도 변화의 중심에 한국이 있다.

구체적으로 OECD, IMF 등 세계 유력 경제기관의 전망을 보면 이구동성으로 한국의 급부상을 예측하고 있다. 믿기 어려운 장밋빛 전망은 미국 월가에서도 터져 나오고 있다. 2011년 5월 19일자 〈월스트리트 저널〉은 글로벌 투자기업 프로비타스파트너스Probitas Partners의 보고서를 인용하여 한국이 오는 2050년 미국에 이어 1인당 GDP에서 세계 2위를 기록할 것이라고 보도했다. 이것은 이미 세계 1위 투자은행인 골드만삭스가 매년 발표해온 세계 경제지도 변화에 대한 보고서의 결론과 동일한 것으로 신뢰성이 높다고 사료된다. 프로비타스파트너스가 2010년말 180명의 글로벌 투자자들을 대상으로 향후 투자 전망을 설문 조사한 결과에 따르면 멕시코, 인도네시아, 한국, 터키를 일컫는 '믹트MIKT' 국가들이 기관투자가들의 새로운 주목을 받았다. 특히 믹트 국가들은 브릭스 이후 신흥 시장을 선도하는 리딩 그룹이 될 것이라고 보고서는 내다봤다.

돌이켜 보면 1960년 당시 우리의 국민소득은 방글라데시보다 낮았던 최빈국이었다. 1964년 1억 달러 수출에 불과하던 보릿고개 시대를 지나, 1970년대 100억 달러 수출 달성에 감격해하던 우리가 지금은 무려 5000억 달러 수출에 GDP 규모 1조 달러 수준을 달성했다. 그 결과 국토의 크기는 세계 109위에 불과한 소국이 전 세계 국가들의 벤치마크가 되었고, 현재는 G20 회의 의장국이자 UN 사무총장을 배출한 국가가 되었다. 그리고 이제는 일본을 제치고 유럽과 미국과의 FTA를 성사시키며 글로벌 FTA 허브 국가로 부상하고 있기도 하다.

놀라운 것은 우리가 가진 능력과 성과를 가장 우습게 아는 사람들이 바로 우리 한국인이라는 점이다. 자신을 지나치게 비하하고 저평가해버리는 우리의 자학 증세는 외국인들 눈에는 겸손을 넘어 병적으로까지 비쳐지고 있다. 성공한 인물이 자기 고향 땅에서만 가장 대우를 못 받는 셈이다.

원래 희극과 비극의 차이는 웃음과 눈물인 것 같지만 사실은 재산의 차이에서 온 것이다. 한마디로 비극은 부자들의 것이며, 희극은 가난한 자의 것이다. 부자들은 비극을 통해 자신들은 결코 돈밖에 모르는 냉혈한이 아니며 가난한 사람들과 똑같이 눈물을 흘리는 사람들이라는 것을 보여주려 한다. 반대로 가난한 사람들은 희극을 통해 가진 자들을 조롱하며 비록 돈은 없지만 훨씬 즐겁고 행복하다는 것을 보여주려 한다. 비극의 핵심이 눈물이 아니듯이 지금의 경제위기는 결코 비극이 아니다.

실로 다시 한 번 한국의 전화위복錢禍爲福이 기대되는 축복의 시대가 다가오고 있다.

09

스토리를 팔아라

외국 사람들에게 "한국에 대해 아는 게 무엇이냐?"고 물었을 때 일부 아프리카 국가에선 IMF 당시 금 모으기가 1위로 나오기도 했다지만, 대개는 김치, 갈비, 태권도, 붉은 악마 등이 대답으로 나온다. 흥미로운 것은 먹을거리가 단연 수위를 차지한다는 점이다. 전 세계 남편들을 대상으로 한 조사에서는 다시 결혼한다면 어떤 여자와 살고 싶은가라는 질문에 대해 60퍼센트 이상이 선택한 것이 '요리 잘하는 여자' 였다. 결국 먹는 게 남는 것인가 보다.

사실 음식의 재료가 농산품이라면 그것으로 만들어진 식품은 문화 상품이란 점에서 현격한 차이가 있다. TV, 냉장고, 휴대전화 등 공산품은 그 사람의 습관을 바꿀 수 있으나 식품은 그 사람의 유전자 구조를 바꿀 수 있다. 예컨대 한국 자동차를 타는 사람과 김치를 먹는 사람은 전혀 다른 '코리아 효과'를 나타내게 되어 있다. 더욱이 우리나라 식품은 비빔밥과 같이 음양오행의 철학 하에 설계된 데다 핵심 발효기술로 만들어지기 때문에 한 번 빠지면 중독되는 건 시간문제다. 말이 식품이지 몸에 좋은 마약이라고나 할까.

유대인의 탈무드에는 "돈을 벌려면 입과 여자를 노려라"라고 했다. 최근 정부 차원에서 적극 주창되고 있는 한식의 세계화는 비록 때늦은 감이 있지만 매우 중요한 수출 전략이라고 평가된다. 신당동 떡볶이만 해도 세계적으로 유일하여 세계화 추진 기구까지 만들어지고 있다니 생각하기에 따라 그 폭은 우리 상상을 초월할 가능성이 크다.

설계, 생산, 판매의 세 축에서 우리가 가장 아마추어라고 평가받는 부문이 바로 마케팅과 판매다. 김치의 종주국이라곤 하나 세계인이 먹고 있는 대부분은 일본 특허품인 기무치다. 게다가 과거 올림픽 중계권 협상에서 보여준 우리의 협상 능력은 실로 한심한 수준이다. 중국 상인들 사이에는 가장 상대하기 쉬운 사람이 한국인이라는 이야기가 떠돈다. 한국인들은 자기 패를 너무나 쉽게 보여줄 뿐 아니라 계약 달성의 조급함에 스스로 파격적 가격 할인을 제시하며, 심지어는 한국인 경쟁자까지 모함하기 때문에 슬슬 시간만 끌면 모든 것이 해결된다는 이야기다.

오래전 미국에 진출하여 크게 성공한 일본식 레스토랑 베니하나도쿄를 보자. 일본 전통의 가구와 장식 소재를 하나하나 그대로 옮겨 지은 데다 바로 손님 눈앞에 펼쳐진 '히바치' 테이블에서 칼을 공중에 빙빙 돌리며 철판요리(테판야끼)를 만들어주는 등 요리 결과뿐 아니라 그 과정부터 즐기게 한 것이 성공의 비결이었다. 음식을 팔았다기보다는 문화를 팔았던 것이다. 생선 날것을 야만시하던 서구인들에게 각고의 노력으로 스시를 먹게 한 일본인들의 장사 수완은 이제 미국에서 재패니즈 레스토랑을 고급 이미지로 각인시키고 있다.

모름지기 역사history란 바로 그 사람의 이야기story다. 본격적인 글로벌 경쟁 체제로 이행하면서 단순히 성능이나 디자인의 우수성으로 세계를 리드해갈 수는 없다. 이젠 바야흐로 문화 전쟁이요, 콘텐츠 전쟁이다. 문화가 곧 돈인 셈이다. 따라서 선진국이란 결국 스토리가 많은 나라다. 문제는 그 많은 스토리를 어떻게 가공하여 재창조해내는가 하는 스토리텔링 능력이다. '창創'의 의미 역시 자신의 창고倉에 있는 것을 칼刀로 썰어내 제공한다는 것이다. 그러나 '우리 것은 좋은 것이여' 또는 '우리 것이 곧 세계적인 것'이라는 막연한 명제는 이제 통하지 않는다. 세계적 보편성과 한국적 특수성을 묶어 마이크로웨이브 오븐에 넣고 돌려야 한다.

예를 들어 송도 국제신도시와 부동의 세계 1위인 인천국제공항을 엮어 전 세계에 '인천시를 팔겠다'라는 것이야말로 한국의 현대판 스토리 전략이다. 2011년 10월 31일 〈월스트리트 저널〉은 GE 한국 사장을 지냈던 이채욱 인천공항공사 사장의 인터뷰와 함께 인천공항의 성공을 온라인 톱기사로 보도했다. 기사는 "1990년대 초반 수도 서울도 아닌 인천의 두 섬을 메워 새 국제공항을 짓는 큰 도박을 했지만 10년간 운영된 인천공항은 한국의 '돈 찍어내는 기계money machine'로 변신했다"고 보도했다. 또한 인천공항이 국제공항협의회ACI로부터 6년 연속

전 세계 1400여 개 공항 중 세계 최고의 공항 1위에 선정됐으며, 지리적 행운을 활용하여 수백만 명의 일본과 중국 여행자를 끌어들이면서 성공을 이뤘다고 설명했다. 최근에는 러시아 카바로프스크공항의 지분 10퍼센트를 인수하며 해외 진출에 나서고 있다는 소식도 전했다.

금융위기, 물가상승, 고용대란 속에서 우리가 살길은 고부가가치의 지식기반 서비스 산업을 육성하여 소프트 이코노미로 전환하는 것이다. 이제 한국형 스토리의 보고랄 수 있는 의료, 교육, 관광을 전략적으로 육성한다고 하니 전공인 제조업과 IT 기술로 포장된 서비스업의 결합은 분명 차별적 시너지를 가져올 것이다. 우리 조국에는 아직도 팔 수 있는 것이 너무나 많다.

10

아바타 감상법

3D가 뜨고 있다. 역대 최대 흥행사 제임스 카메론 감독의 〈아바타〉
는 2시간 40분에 달하는 황홀한 입체 경험이다. 아바타란 말은 원래 산
스크리트어인 '아바따라avataara'에서 유래한 말이다. 고대 인도에선 땅
으로 내려온 신의 화신을 지칭하는 말이었으나, 현재는 사이버 공간에
서 사용자의 역할을 대신하는 애니메이션 캐릭터 또는 가상 육체를 지
칭한다.

영화는 백인과 원주민인 나비족과의 대결을 그렸다. 이는 기존의 컴
퓨터 그래픽 기술을 뛰어넘는 가상카메라와 '이모션 캡처' 기법이라는
최첨단 기술로 탄생되었다. 덕분에 관객들은 배우 눈동자의 세밀한 움
직임, 심지어는 땀구멍까지 생생하게 볼 수 있다. 한편 매년 라스베이
거스에서 열리는 세계 최대의 가전행사 CES에선 글로벌 전자회사들이

하나같이 3D TV를 선보이고 있다. 앞으로는 비단 영화뿐 아니라 월드컵을 비롯한 각종 스포츠 경기도 3D 방식으로 중계될 예정이라 하니 바야흐로 입체의 전성시대라 할 것이다.

인간은 원래 태어나면서부터 3차원으로 세상을 인식한다. 그러나 지금까지 인류가 하이테크라 불러온 인터넷, 노트북, 모바일 기기 등은 모두 2차원 평면이다. 따라서 3D가 되어야 우리들 인식 메커니즘과 일치한다는 점에서 이러한 흐름은 영상기술의 혁명을 넘어 우리 생활 전반에 엄청난 변화를 가져올 것으로 전망된다. 사실 인터넷에선 이미 웹 2.0 시대를 넘어 곧 다중통행 방식인 웹 3.0 시대가 열릴 것으로 전망하고 있다.

만약 지나가는 사람들 중에 자기와 잘 어울리는 이성을 골라주는 휴대전화가 있다면 어떻게 될까? 아마 이것을 구입하고자 세계적으로 난리가 날 것이다. 스위스은행에 구좌를 트고 싶다면 자기 대신 양복을 멋지게 차려입은 아바타가 스위스은행의 문을 열고 들어간다. 역시 3차원으로 꾸며진 은행 사이트에선 은행원 아바타가 친절하게 맞이해 주고 원격으로 서명까지 할 것이다. 최근 개장한 두바이호텔의 카지노도 나중에는 집 안에 앉아 분신인 아바타로 하여금 게임을 대행케 할 수도 있을 것이다. 심지어는 공상영화에나 나왔던 원격 사이버 섹스도 가능하리라 본다. 현재에도 자신의 아바타에게 화려한 의상을 입히거나 강력한 무기를 사주는 데 쓰는 금액은 국내에서만 1조 원에 이른다고 한다. 이러한 현상을 두고 관련 학자들은 실물 시대의 종언을 예고하기도 한다.

이른바 '3.0 아바타 시대'란 간단히 말해 우리가 사는 일상의 세계와 똑같은 가상의 세계가 하나 더 존재한다는 의미다. 그렇게 되면 '나'라는 사람이 현실세계에 하나, 가상세계에 하나, 즉 2명이 항상 존재하게 된다. 모든 사람이 또 다른 자아인 아바타를 하나씩 또는 여러 개를 가지고 살게 된다면 인간은 무엇보다 자신의 정체성에 대해 심한 혼란을 겪을 것이다. 게다가 아바타끼리 한 결혼, 그들이 가상으로 낳은 아이에 대한 법적 지위를 비롯하여 아바타의 국적, 세금, 상속, 범죄 등 수많은 난제가 기다리고 있기도 하다.

이런 분야에서 선두를 달리고 있는 미국에선 2003년 개장한 이래 가장 성공한 모델로 알려진 '세컨드 라이프'를 필두로 100여 개가 넘는 가상세계를 선보였다. 미래에는 오락이나 게임의 차원을 넘어 일상 업무, 상거래, 행정 등 거의 모든 영역에서의 활동이 이 가상공간에서 이루어지게 된다. 지금까지 산업화 시대나 정보화 시대의 경쟁과는 전혀 다른 양상의 세계대전이 기다리고 있는 셈이다. 이 엄청난 시장을 두고 현재 세계 각국 정부와 기업들은 수면 아래에서 치열한 군비 경쟁을 벌이고 있다. 바야흐로 콜럼버스의 아메리카 대륙 발견을 넘어서는 가상 신대륙과 아바타 경영 시대가 열리고 있는 것이다.

11

최고의 리콜은 정직이다

과거 일본은 '품질'로 각인되어 왔다. 일본제의 상징인 오토바이, VTR, 워크맨 등은 바로 이러한 장인 정신, 즉 '모노츠쿠리'의 대표 산물이다. 그러나 2010년 초 창사 이래 최대 위기를 안겨준 도요타의 리콜 사태는 우리에게도 많은 것을 일깨워주고 있다.

우선 전대미문의 경제위기로 미국의 빅 3가 중환자실로 실려가는 통에 드디어 자동차 제왕으로 등극한 도요타가 연초부터 자신의 전공 과목인 품질에서 터진 문제로 큰 고역을 치렀다. 이는 역사의 아이러니가 아닐 수 없다. 그러나 남의 불행이 나의 행복이 될 거라는 생각은 망상이다. 이는 결코 강 건너 불구경이 아니며 언제라도 우리 기업들에게 닥칠 수 있는 문제이기 때문이다.

이 사태의 원인을 두고 수많은 분석이 쏟아진 바 있다. 근본적으로는 세계 2위 부자 나라를 지탱해온 일본의 장인 정신과 젊은이들의 도전 정신의 쇠퇴라는 자성이 일본 내에서도 흘러나오고 있다. 그 외 원인을 살펴보면 다음과 같다.

첫째, 해외 품질관리 시스템의 고장설이다. 유명한 도요타식 원가절감의 한계도 드러났다. 마른 수건을 계속 짤 수는 없기 때문이다. 요컨대 해외 현지 생산이 국내 생산 규모를 넘어서는 등 생산의 엄청난 양적 증가에 비해 관리 인력을 비롯한 질적 인프라가 이를 백업하지 못한 결과라 사료된다. 이는 질quality을 중시하는 문화가 망가지면 모든 것이 추락한다는 '품질경영' 의 철학을 되새기는 계기라 할 것이다.

둘째, 가장 비밀스러운 회사란 평을 듣고 있는 도요타 문화의 문제다. 이번에도 3년 전부터 미국 소비자들이 제기해온 불만을 번번이 무시했다고 한다. 공룡 조직의 특성상 조직 내 통풍성이 떨어지는 데다 'No' 라고 말할 수 없는 대기업병의 전형이 아닐 수 없다. 역시 가장 두려워해야 할 것은 고객과 시장이라는 진리를 다시 한 번 일깨워준 사건이다.

셋째, '성공의 복수' 라 불리는 경영진의 자만과 오만hubris이다. 자고로 어깨에 힘이 들어가는 순간 인생이건 골프건 망가지는 법이다. 세계 최대이자 미국 제조업의 마지막 자존심인 GM을 누른 자신감이 오만으로 이어진 것이 아닌가 생각된다. 요컨대 기술의 문제가 아닌 매니지먼트의 문제라는 것이다. 결국 과거 막강한 품질에 대한 과신과 자만의 결합이 이번 사태의 가장 핵심이자 본질이다.

이 세상에 완벽한 제품은 없다. 어차피 사람이 하는 일이기 때문이다. 따라서 누구나 실수를 할 수 있다. 고객들이 진짜 화를 내는 것도 물건의 하자보다는 그것을 부인하고 심지어 오리발로 일관하는 기업의 자세 때문이다. 서비스 회복service recovery 이론에 따르면 불만을 바로 해결받은 고객은 오히려 충성고객이 될 확률이 높다. 거짓은 거짓을 낳고 불신으로 이어져 결국엔 엄청난 대가로 돌아온다. 어떤 경영 전략이나 제품의 탁월성도 기업윤리를 이길 순 없다.

한편 시장에서 기업가치를 평가하는 중요한 기준 중 하나가 바로 경영자의 설득력이다. 이것은 평시보다는 전시에 빛을 발한다. 이른바 '위기 대응 의사소통crisis communication'의 문제다. 잘잘못을 떠나 벌어진 사실에 대해 이러쿵저러쿵하면 첫 단추부터 실패한 것이다. 또한 중요한 것은 타이밍이다. 문제가 생겼을 때 미적미적하다간 오히려 의혹만 증폭될 것이다. 마지막으로 절대 네 탓이 아니라 내 탓임을 보여야 한다. 가장 중요한 리콜은 정직이다.

12

스마트 목장의 결투
– 베끼지 말고 훔쳐라

싸움의 고수와 무술의 고수가 맞붙으면 누가 이길까? 일본 전국시대 최고의 사무라이 검객으로 미야모토 무사시宮本武藏가 있다. 그는 60여 회 이상의 대결에서 단 한 번도 진 적이 없다고 하는 전설적인 검객으로 현재까지도 검성劍聖이라 칭송되고 있다. 그가 말년에 쓴 병법서인 《오륜서五輪書》 중에 '적이 되어보는 법' 일부를 인용하면 다음과 같다.

적이 된다는 것은 내가 적이 되어서 생각하라는 뜻이다. 많은 인원과의 전투에서도 적이라고 하면 강한 것으로 생각해 너무 조심을 기하다 보면 소극적이 되고 만다. 그러나 병법상 적을 이기는 이치를 잘 알고 있으면 아무런 걱정도 할 필요가 없다. 일대일의 싸움이라도 적의 몸이 되어 생각해봐야 한다.

최근 애플의 아이폰과 이에 대항하는 구글-삼성 연합군의 전쟁이 점입가경이다. 지구상에서 가장 창조적이라는 애플에 대항하여 한국의 해병대와 미국 공군이 결합한 셈이다. 혹자는 2010년 당시 신형 아이폰 출시를 앞두고 애플과 삼성과의 결전에 대해 '위대한 제품과 위대한 공장의 싸움'이라고도 했다.

애플의 CEO 스티브 잡스는 그동안 특유의 프레젠테이션으로 세계인의 주목을 받았다. 2011년 10월 5일 유명을 달리했지만 그동안 치명적인 췌장암 투병을 이겨낸 강인한 그였기에 그의 말과 행동은 언제나 할리우드급이었다. 디자인 철학에 있어서도 잡스는 아름다움과 품위라는 두 마리 토끼를 잡기 위해 극도의 미니멀리즘을 추구했다는 평가를 받고 있다. 평소 "해군보다 해적이 낫다"고 말하던 그는 초기 아이패드 시리즈 개발 시에도 직원들을 옥상으로 데리고 가서 해적들이 쓰는 백골기를 걸어놓고 세계 제패를 요구했다고 한다. "저급한 예술가는 베끼고copy, 위대한 예술가는 훔친다steal"는 파블로 피카소의 말처럼 잡스는 이 세상에 있는 요소들 중 가장 핵심만을 뽑아 요리하는 탁월한 감각이 있었다. 모방과 혁신의 합성어인 '이모베이터imovator(창조적 모방가)'라는 단어는 바로 그에게서 비롯되었다.

피카소나 잡스와 같은 경지에 이르려면 기존의 노하우Know-how가 아닌 '노와이Know-why'를 갖춰야 한다. 이는 궁극의 해결책에 도달하기 위해선 세련된 기법이나 방법론을 넘어 근원이 되는 것을 찾아내야 한다는 말이다. 어떤 상황에서도 쓸 수 있는 방법을 탐색하기 위해서다.

특히 아무런 선입견이나 고정관념이 없는 순수한 어린아이들의

'왜?'를 가리켜 심리학에선 'Innocent Why?'라 부른다. 그들의 맑은 질문의 결과 즉석사진기 폴라로이드가 만들어졌다. 또, '왜 인형들은 우리처럼 말도 못하고 걷지 못하나요?'라는 질문 덕분에 픽사Pixar의 애니메이션 〈토이 스토리〉가 탄생했다. 첨단 제조공장에서도 이러한 생각은 매우 유용하다. 도요타 기술자 다이이치 오노에 따르면 도요타 직원들은 다음과 같은 5가지 질문을 한다고 한다.

첫째, 왜 그런가?

둘째, 이 정도로 괜찮은가?

셋째, 무언가 빠뜨린 것은 없는가?

넷째, 당연하게 생각하는 것들이 정말 당연한 것인가?

다섯째, 좀 더 좋은 다른 방법은 없는가?

한편 지금의 양상은 마치 과거 홈비디오 테이프 규격을 놓고 벌어진 8mm 방식과 VHS 방식의 격돌을 녹화방송으로 보는 듯하다. 이는 당시 기술적으론 소니의 8mm가 우월했음에도 불구하고, 오픈 소스open source 전략을 채택한 상대 진영이 결국엔 시장 표준을 차지하면서 실패한 유명한 사례다. 아이폰은 애플이 제공한 성곽 내에서 놀아야 하는 폐쇄형이지만, 구글의 안드로이드 방식은 TV를 비롯한 모든 IT 기기와의 호환성이 보장되는 개방형이라는 점에서 장점이 크다. 따라서 누구나 안드로이드 OS를 가져다가 스마트폰을 만들 수 있고, 전 세계 개발자가 함께 참여해 운영체제를 개선해나갈 수도 있다. 또한 구글은 최근 소니, 인텔과 손잡고 구글 TV를 출시하는 기동성까지 선보이고 있어 향후 스마트 전장은 더욱 확대되어갈 것이 분명하다.

사실 지금까지 애플이 스마트폰 시장에서 이룬 놀라운 성과는 하드웨어보다는 아이튠즈와 앱스터로 상징되는 거대한 소프트웨어 놀이터를 제공한 데 그 원인이 있다. 이에 반해 삼성은 제품의 성능이 월등하다고 하나, 고객들의 재미와 참여를 끌어내기엔 부족했다고 보인다. 이에 따라 구글과의 전략적 제휴를 통해 그 단점을 보강하고 소프트웨어 경쟁력을 끌어올리겠다는 것이 삼성의 전략이다. 한 가지 재미있는 사실은 아이폰이 잘나가면 삼성의 실적도 좋아진다는 역설이다. 스마트폰의 가장 핵심 부품인 애플리케이션 프로세서 시장에서 세계 1위에 오른 삼성의 주 고객 또한 애플이기 때문이다.

2011년에 들어서면서 국제 특허소송으로 맞붙은 애플과 삼성의 싸움은 구글과 마이크로소프트, 노키아 등이 아군과 적군으로 얽히면서 매우 복잡한 양상으로 번지고 있다. 과거 삼성은 모토로라가 지배하던 한국 휴대전화시장에서 '한국 지형에 강한 통신 품질'이란 키워드로 단숨에 역전시킨 애니콜 전설의 주인공이다. 2011년 말 드디어 스마트폰 세계 1위로 등극한 삼성전자는 갤럭시S의 성공에 힘입어 유례없는 불황기에서조차 분기 2조 5000억 원의 수익을 냈다. 막강한 애플 화력의 중심이던 스티브 잡스가 사망한 이후 이 치열한 공방의 진행 과정과 결과에 세계의 이목이 쏠리고 있다.

이와 관련해 《경영의 미래》《꿀벌과 게릴라》의 저자이자 현존 최고의 경영 구루라 불리는 게리 하멜 교수는 "진화의 시대는 가고 혁명의 시대가 도래했다. 삼성이 애플을 따라 해선 잡을 수 없다. 새 판을 짜라. 그래야 이긴다"라고 했다. 사실 지금까지 카피캣copycat 또는 패스트 팔로어fast follower로 불리며 선도 기업을 추격해온 국내 기업들이 이젠 정식 결투를 해야만 하는 위치에 선 것이다. 요컨대 정답은 No. 1이 아니라 Only 1이라고 할 수 있다.

13
제조와 서비스의 결혼

청년 실업률이 사상 최고인 가운데 대기업과 중소기업의 상생이 사회적 화두로 등장하고 있다. 해방 이후 한국의 국가 목표는 오로지 '일본 따라잡기catch-up Japan' 전략이었다. 따라서 '일본인에게 이기고 일본제에 지는 이유'를 규명하는 것이 우리에게 주어진 사명 그 자체였다고 해도 과언이 아니다. 그러나 2000년대 중반부터 삼성전자가 소니를 누른 이후 판세는 놀랍게 변하고 있다. 2010년 초 일본의 유력 경제지는 한국의 4대 천황을 삼성전자, 포스코, 현대자동차, LG전자라고 보도한 바 있다. 최근에는 국가경쟁력에서조차 사상 처음으로 우리나라가 일본을 앞섰다고 발표되었다.

문제는 제조업 중 대다수가 중국이나 동남아로 빠져나가 공동화된 지 오래이며, 그나마 자동화 등으로 인원은 오히려 줄어들고 있다는 사실이다. 현장에 가보면 문제는 더욱 심각하다. 건설업은 물론이고 제조업 현장 대부분에 주요 일꾼은 40대 내지 50대이며 젊은이들은 거의 찾아보기 힘들다. 그 빈 공간을 동남아인들이 메우고 있다.

국내 최대 금융그룹 KB금융의 어윤대 회장은 취임 초 금융의 삼성전자를 만들겠다는 포부를 밝힌 바 있다. 금융, 통신, 방송, 교육, 항공, 운수, 호텔, 병원, 엔터테인먼트, 유통 등 서비스 산업의 스펙트럼은 매우 다양하다. 그러나 금융과 통신의 양대 축을 제외하면 나머지는 매우 영세하거나 글로벌과는 거리가 먼 것이 우리의 현실이다. 병원만 해도 우리나라는 비영리만 허용되고 있어 경쟁적 발전엔 한계가 있는 등 서비스업에는 각종 규제와 편견이 들어차 있다. 구체적으로 한국 경제에서 서비스 부문이 차지하는 비중은 꾸준히 증가하고 있지만, 서비스 산업의 비중이 70퍼센트대에 달하는 선진 OECD 국가 평균에 여전히 못 미치는 수준이다. 수출에서 서비스가 차지하는 비중도 미국이나 영국의 절반 이하 수준이며, 서비스 산업의 1인당 부가가치도 마찬가지다.

우리나라에서 서비스업이 발전하지 못한 이유 중 대종은 수출 주도형 제조업 위주의 산업구조에 기인한다고 하지만 근본적으로 우리 사회 저변에 깔려 있는 서비스에 대한 낮은 인식 수준과 연구 부족도 큰 몫을 차지하고 있다. 실제로 일반인들에게 서비스라 하면 대개 음식점이나 술집에서 주는 공짜나 덤으로 인식되어 있는 것이 현실이다. 경영 현장에서조차 서비스는 친절과 동의어 정도로 쓰이고 있어 발전의 가장 큰 장애가 되고 있다.

문제는 우리 사회에 가장 심각한 테마인 일자리 창출로서 제조 부문에서는 더 이상 기대하기 어렵고 오직 서비스 부문에서 풀어야 한다는 사실이다. 따라서 우리가 주목해야 할 것은 통신, 금융, 유통, 비즈니스 서비스, 전자상거래, 교육, 의료, 문화 산업 등 지식기반의 고부가가치 형 서비스업의 육성이다. 일반적으로 지식 서비스 또는 지식기반 서비스 산업knowledge-based service industry은 '인간의 지식을 집약적으로 활용해 높은 부가가치를 창출하는 서비스' 이며, OECD 국가에서는 R&D, 정보 통신기술, 고급 인력의 투입 및 활용도가 높은 산업으로 정의되고 있다.

바야흐로 탄소경제 하에 녹색성장의 고동이 울리고 있다. 향후 서비스 산업이야말로 국가발전의 새로운 성장엔진이며 고용 창출의 보고가 될 것이다. 산업화 시대가 막을 내리고 정보화 시대를 지나 이젠 창조 와 융합의 시대로 접어들고 있다. 여기서 가장 필요한 융합은 바로 IT 기술을 매개로 한 제조와 서비스의 결합이다. 특히 제조업은 서비스업 의 장점을 배우는 데 익숙하지 않은 것이 사실이다. 이것은 근본적으론 제조와 서비스의 본질적 차이에서 기인하는 일이긴 하다. 그러나 '어떤 제조 기업도 서비스가 불량한 채 성공할 수 없다' 는 것은 이미 널리 알 려진 이론이다. 특히 제조와 서비스를 나누는 이분법적 사고는 시대착 오적인 생각이다.

미래학자 제레미 리프킨Jeremy Rifkin은 2000년 《소유의 종말》에서 "지 금 세계는 판매를 기본으로 하는 제품경제가 서비스 중심의 접속 사회 로 넘어가는 혁명적인 단계"라 선언했다. 현재 전 세계적으로 서비스 의 전략적 활용은 강력한 추세다. 또한 정보통신기술의 발전에 따른 e-서비스 시대를 맞아 사우스웨스트항공, 이베이, 구글 등 새롭게 부상한 기업들의 비즈니스 모델도 속속 선보이고 있다. 특히 구글의 새롭고도 혁신적인 경영 방식은 서비스업은 물론이고 제조 기업으로도 퍼져나가고 있다.

주요 각국에선 이미 제조와 서비스의 융합 현상이 두드러지게 나타나고 있다. 주요 산업 현장에서 벌어지고 있는 PSSProduct Service System 개념의 등장은 이미 학계의 커다란 주목을 받고 있다. 특히 수익 증가의 한계에 부닥친 전통 제조 기업들에게 새로운 블루오션으로 떠오르고 있다.

학술적으로 서비스와 제조의 융합 현상은 '서비타이제이션servitization'이라 불리고 있다. 이것은 제품에 서비스를 더하는 제품의 서비스화product servitization와 서비스에 제품을 더하는 서비스의 제품화service productization, 그리고 기존 서비스와 신규 서비스의 결합 현상을 포괄하는 개념이다. 대표적 학자인 렌Ren과 그레고리Gregory는 이를 가리켜 고객 니즈의 충족, 경쟁우위 확보, 기업 성과의 향상을 목적으로 제조 기업이 현재의 서비스를 강화하거나 서비스 기업으로 확장하게 되는 전략적 변화 프로세스라 정의한 바 있다.

실제로 미국의 경우 제조 부문에서 고객에게 서비스를 제공하는 활동으로부터 얻어지는 수익이 많게는 제품 판매 수익의 10~30배까지 이른다고 알려져 있다. 이는 서비스시장이 거대한 수익의 원천이라는 새로운 자각으로서, 제조 부문보다 수익률이 우수한 데다 적은 자산 규모로 서비스 제공이 가능하며, 서비스 관련 수익은 꾸준히 제공되므로 경기를 타지 않는다는 장점이 있기 때문이다.

서비타이제이션은 기존 제품의 차별화와 브랜드 효과를 높일 수 있다는 점에서, 그리고 기존의 무형의 서비스를 유형화할 수 있다는 점에서 제조업의 새로운 성장 패러다임이라고 볼 수 있다. 한국타이어가 실시하고 있는 신개념 프랜차이즈인 'T-스테이션' 사업, OEM으로 인쇄용지를 만들어 함께 판매하고 있는 삼성전자의 프린터 사업, 앞선 정유 공장 운영 노하우를 기반으로 해외에 공장 운영 및 유지보수 서비스를 수출하는 SK에너지 등이 그 예다.

이 부문에서 해외 기업들은 이미 상당한 수준에 도달해 있다. 노키아는 일찍이 휴대전화 기기 제조를 바탕으로 오비ovi라는 소프트웨어 플랫폼을 개발해 게임, 음원, 위치 기반 서비스 등 다양한 콘텐츠를 제공해왔다. 자동차 분야에선 더욱 활발하다. 도요타, BMW, GM과 같은 기업들은 단순 자동차 판매를 넘어 좀 더 나은 자동차 관리 서비스를 제공한다. 그들은 발전된 정보통신기술을 활용하여, 사용자에게 텔레매틱스telematics 서비스를 제공한다.

독일 벤츠의 'Search & Send service'는 현재 벤츠가 제공 중인 '텔리에이드Tele-Aide'에 사용될 예정으로, 구글 맵이나 야후 맵과 같은 인터넷 지도를 전송해주는 시스템이다. 스웨덴의 볼보 같은 회사는 단순 제품 판매뿐 아니라, GPS 기반으로 운전자에게 연료 절약 방법 등을 컨설팅하는 GSM 서비스를 제공하기 위해 'On Call Centre'를 운영 중이다. 또한 GE는 항공기엔진 제품에 대한 원격진단 서비스를 제공하여 제품과 서비스 간 시너지를 창출하고 있다.

다른 한편에선 크게 정부, 공공, 민간 3개 부문으로 나누어져 있는 서비스업의 주체들이 좀 더 긴밀하게 연계되고 복합적으로 발전해갈 가능성도 열리고 있다. 우리의 새로운 먹을거리로 부상하고 있는 원자력 발전소나 고속철도 수출 같은 것이 대표적이다.

제조가 유형의 이익을 먹고 산다면 서비스는 무형의 이미지를 먹고 자란다. 서비스가 인人이라면 제조는 물物이다. 둘이 결합할 때 비로소 새로운 인물人物이 탄생한다. 이러한 융합은 학문에서부터 시작하여 산업으로, 경제 부문으로 확대되어야 한다. 우선 인문학과 공학과의 융합이 필요하다. 민간과 공공 부문의 결합도 필요하다. 금융과 IT, 통신 기업과의 약혼도 중요하다. 이제 드디어 제조 군과 서비스 양의 결혼식을 올릴 때가 온 것이다.

14

아이디어의 화개장터
– 미소 기업_{Micro Business}을 창조하자

얼마 전 국내 중소기업의 젊은 오너들과 대화할 기회를 가졌다. 그들은 대부분 가업을 계승한 사람들이었다. 국내 중소기업의 가장 큰 리스크로 지적되고 있는 기업승계succession planning 문제에서 이들은 일단 성공적인 케이스다. 또한 취업 기회조차 잡지 못하는 수많은 청년 실업자들에 비해 이들은 분명 행운아처럼 보였다.

그러나 막상 이야기가 시작되자 그들의 고민은 현실로 다가왔다. 그들의 고뇌는 크게 2가지였다. 하나는 아버지 세대와 생사고락을 같이 해온 회사의 창업 1세대와의 갈등 극복이었다. 젊은 CEO로선 무언가 새로운 시도로 자신의 존재 의미를 보여주고 싶을 것이다. 그러나 현장에선 혁신은커녕 작은 개선도 "잘 돌아가고 있는데 괜히 일만 벌인다"며 곱지 않은 분위기라고 한다. 다른 한 가지는 새로운 사업에 대한 불안이었다. 기존의 사업 구조로는 망하지는 않지만 새로운 시대에서 계속 성공하기에는 한계가 있다는 것을 누구보다 잘 알고 있기에 신규 사업에 대한 목마름은 너무나 절실해 보였다.

최근 국내 경제의 재도약을 두고 대기업과 중소기업의 상생이 사회적 화두로 등장하고 있다. 혹자는 우리나라에는 상생相生은 없고 오직 상전으로 모시는 상생上生만이 있다는 이야기를 할 정도로 현실은 자못 심각한 상황이다. 문제는 시장에 돈이 없어서도 정책이 없어서도 아니다. 협력사에 대한 인식, 기업 거래 관행, 정책 방향, 관련 제도 등 각각의 요소들이 따로따로 겉돌고 있기 때문이다. 상생에 관한 한 우리 사회는 한마디로 호환성 없는 컴퓨터 그 자체다. 그러나 가장 큰 문제는 최악의 청년 실업 문제다. 실업률이 수십 퍼센트에 달하는 나라가 수두룩한 유럽에 비해선 양호하지만 8퍼센트대를 훨씬 넘는 국내 청년 실업률은 매우 높은 수준임에 틀림없다. 그런데 기업 간 상생이 잘 된다고 해서 지금의 청년 실업이 확 줄어들 것으로 보이진 않는다.

한편 1990년대 후반 엄청난 벤처 열풍의 부작용을 경험한 우리로선 '창업=벤처=머니 게임'이라는 뒤틀린 도식이 광범위하게 퍼져 있다. 그럼에도 불구하고 문제의 해답은 젊은이들의 도전적인 기업가정신과 창업 의욕에 있다. 최근 대두되고 있는 1인 창조기업을 비롯한 소위 '미소 기업Micro Business'의 활발한 탄생을 겨냥하여, 사회적 기업 정신에 입각한 새로운 창업의 지평을 열어주어야 한다.

한편 철강, 조선, 반도체, 자동차, 석유화학, 디스플레이, 모바일 등 전 세계 핵심 제조 산업에서 대부분 Top 5 이내에 진입한 우리가 소프트웨어 산업에서만큼은 아시아 500대 기업에 못 들어갈 정도로 한심한 수준이라는 것은 미래 경제 전쟁에서 백전백패할 심각한 문제를 보여 준다. 우리는 IT 1등국이 절대 아니며, 다만 인터넷 보급률과 하드웨어 제조에서 앞서 있을 뿐임을 분명히 인식해야 한다. 따라서 껍데기만 잘 만드는 나라라는 비아냥에 분노만 하지 말고, 한시바삐 범국가적인 소프트웨어 부흥에 나서야 할 것이다.

여기서 소프트웨어 분야야말로 창의적인 젊은이들의 몫이다. 전국의 수백만 청춘들의 마음을 흔드는 〈슈퍼스타 K〉와 같은 오디션 프로그램이 왜 소프트웨어 경연판으론 나오지 않는 걸까? 나는 일단 분위기만 잡히면 전 세계에서 가장 교육수준이 높고 창의적인 우리나라 젊은이들 속에 마크 주커버그나 스티브 잡스가 얼마든지 나올 것임을 믿어 의심치 않는다.

문제는 사회적 관심을 끌어올리는 동시에 매우 효과적인 정책을 개발하고 지속적으로 실행해나가야 한다는 점이다. 이를 위해선 첫째, 기존의 공급자 중심 사고에서 수요자 중심 사고로의 전환이 요구된다. 창의력 충만한 젊은이들의 실용적 애플리케이션과 신기술에 목말라하는 대기업과 중소기업은 얼마든지 있기 때문이다.

둘째, 이를 중개할 창조적 아이디어의 화개장터로서 오픈 마켓플레이스open marketplace가 필요할 것으로 생각된다. 여기엔 온라인 경매 방식을 적용해도 좋을 것이다.

궁극적으로는 전국 권역별로 창조 비즈니스 생태계를 구축해야 한다. 여기에는 기술개발 지원은 물론이고 경영 컨설팅, 특허 및 법률 서비스, 자금 지원, 기술거래, M&A 등 미소 기업들에 대한 종합 지원과 일관된 공정이 마련되어야 할 것이다. 특히 기존 기업들과의 거래가 원활해질 수 있는 채널을 다각화하여 새로운 아이디어나 기술이 제 가치를 받을 수 있도록 해야 한다.

기성세대의 낡은 사고로 젊은 청년 실업 문제를 다루는 것은 한계가 있다. 오히려 그들의 자세와 능력을 믿고 도전 의욕을 북돋워주는 것이 훨씬 효과가 있을 것이라 믿는다. 지난 밴쿠버 동계 올림픽에서 기록적인 성과를 낸 G세대의 능력은 사실상 역대 최강이다. 바야흐로 전후 베이비부머 시대는 가고 새로운 시대가 열리고 있다. 진정한 콜럼버스적 사고의 전환이 절실한 현실이 아닐 수 없다.

15

기업가정신을 살려야 한다

세상에는 무려 2만여 가지가 넘는 직업이 있다고 한다. 특히 현대 지식경제 사회에 들어선 이후, 다양한 서비스 분야에서 예전에는 듣도 보도 못한 새로운 직업들이 속속 생겨나고 있다. 자고로 직업엔 귀천이 없다고 한다. 그러나 귀천은 없을지 몰라도 차이는 엄연히 존재한다. 특히 우리 선조들은 이를 시스템적으로 구별하는 기준을 마련해놓았다.

우선 '부夫'로 끝나는 직업이 있다. 농부, 광부, 배달부 등이다. 이는 주로 육체적 노동을 제공하는 직업들이다. 그 다음 단계가 '원員'으로 끝나는 직업이다. 공무원, 은행원, 집배원 등이다. 이들은 조직의 일원이 되어 활동을 하는 사람들을 가리킨다. 이들은 자신의 이름이 아닌 조직의 직위를 앞세우고 살아간다. 그 다음으로 우리나라 사람들이 가장 바라는 '사' 자 직업이다. 이들의 특징은 사회가 인정한 전문 라이

선스를 획득한 그룹이다. 이러한 '사' 자 직업에도 분야에 따라서 각기 정의가 다르다. 검사와 판사는 '일 사事'를 쓴다. 이에 반해 변호사는 '선비 사士'를 쓴다. 국가를 대표하는 대사에는 '시킬 사使'를 사용한다. 그리고 우리네 생명을 다루는 목사와 의사는 '스승 사師'를 쓴다.

흥미로운 것은 과거 청소부가 환경미화원으로 한 단계 상승하고 과거의 파출부가 가정관리사로 2단계를 건너뛰었다는 사실이다. 더불어 예전의 간호원은 이젠 간호사로 '사' 자 직업에 안착했다. 직업에 따른 신분상 귀천이 엄연히 현실인 우리 사회에서 자신의 등급을 높이고자 하는 노력은 실로 눈물겨운 것이다.

그러나 최상위 직업에 쓰는 것은 다름 아닌 '집 가家' 자다. 정치가, 예술가, 그리고 바로 '기업가'가 있다. 이들은 한마디로 이름 석 자를 가지고 살아가는 직업군으로서 자신만의 정신세계를 사회적으로 인정받은 사람들이다. 특히 기업가는 일자리를 만들어 타인들에게 삶의 터전을 제공하는 가장 어렵고도 보람찬 일을 하는 사람들이다. 기업企業이란 말 그대로 업을 도모한다는 의미다. 업業이란 바로 하늘이 부여한 사명이다. 자신의 가족이 아닌 타인들에게 일자리와 봉급을 제공하는 것은 경제적 측면만으론 설명할 수 없는 고귀한 일임에 틀림없다. 사실 봉급을 받는 사람과 봉급을 주는 사람과의 차이는 엄청난 것이다.

문제는 우리나라에서 '기업가정신entrepreneurship'이 갈수록 쇠퇴하고 있다는 점이다. 기업가정신이란 새로운 이윤 기회를 잡아 부를 창출하는 기업가의 행동으로 경제성장에 필수적인 요인이다. 따라서 기업가정신이 떨어지면 경제성장의 동력이 사라지게 된다. 최근 한 조사에 따르면 한국의 기업가정신 글로벌 경쟁력 순위는 2009년 기준 세계 32개국 가운데 16위에 그친 것으로 나타났다. 창업한 지 3년 6개월 미만인 신규 기업의 활동 부문 경쟁력은 28위로 최하위권에 머물렀다. 자발적인 창업을 의미하는 기회형 창업에 비해 어쩔 수 없이 창업하는 소위 생계형 창업 비율이 높아 창업의 질이 떨어진 게 가장 큰 원인이다. 종합순위 1위는 미국이 차지했으며, 스웨덴(2위), 스위스(3위), 핀란드(4위), 덴마크(5위) 등 유럽 국가들이 뒤를 이었다. 아시아에서는 일본이 8위, 중국은 19위를 기록했다. 일본을 따라잡지 못하고 중국에 쫓기는 한국의 현주소를 알 수 있다.

일(노동)은 분명 신성한 것이나 직업은 다르다. 직업에 귀천은 없으나 차이는 있다. 우리나라에 경영자는 많지만 기업가는 드물다. 선진국의 척도인 금융업만 해도 최근 모 은행의 내분 사태를 보면 은행원은 많은데 은행가는 없다는 탄식이 흘러나온다. 과거 왕성했던 기업가정신을 되살리기 위해선 무엇보다 기업가가 우대받는 사회가 되어야 한다. 가장 큰 문제는 반反기업 정서 등 창업 의욕이 나지 않는 사회적 분위기다. 겉만 번지르르한 각종 지원 제도 운영도 문제다. 밑으로는 초등학교 교육에서부터 관련 정책 개발, 창업 관련 전문기관 운영에 이르기까지 한국의 진정한 기업가정신 창달을 위한 범국가적인 프로그램 마련이 절실한 오늘이다.

| **에필로그** |

　우리나라는 2011년 말 무역 규모 1조 달러를 달성하여 G7 국가인 영국과 이탈리아를 제치고 세계 7위라는 위업을 이루어냈다. 이는 지난 1966년 수출입 10억 달러 규모를 45년 만에 1000배로 키워낸, 세계사에 유례가 없는 경제성장의 금자탑이다. 그 결과 우리는 과거 선진국이 수백 년에 걸쳐 이룩한 것을 불과 반세기 만에 이뤄낸 기적의 주역이 되었으며, 1인당 소득 2만 달러 수준의 신흥 경제권 선두 국가로 자리매김했다. 단군 이래 최고로 잘사는 국가가 된 것이다. 세계적 연구기관들 또한 하나같이 향후 10~20년 후 세계적 리더로서 한국의 급부상을 예측하고 있다. 이제 미래는 가슴 설레는 또 하나의 '새로운 현실new reality'로 우리 앞에 성큼 다가서고 있다.

　또한 지금 지구상에는 K-Pop을 필두로 강력한 한류 열풍이 불고 있다. 5000년에 달하는 문화적 데이터베이스 위에 한국인 특유의 근성에 창의성이 결합된 각종 콘텐츠가 최첨단 ICT 기술에 실려 세계 곳곳으로 전파되고 있다. 우리의 전공과목인 제조업은 물론이고 서비스 부문에 이르기까지 경제적, 사회적, 문화적 시너지 효과는 매우 강력하다. 이것은 비단 민간부문뿐 아니라 정부 및 공공부문에서도 마찬가지다. 바야흐로 한민족의 전성시대가 아닐 수 없다.

그러나 이렇게 밝은 면만 있는 것은 아니다. 세계 최저의 출산율로 고등학생 수가 줄어들고 있는 가운데 지난날 산업화의 주역인 700만 베이비부머 세대가 전면 퇴장하면서, 한국은 본격적인 고령화 사회로 진입하는 동시에 새로운 다문화 사회로 변화해가고 있다. 구체적으로 살펴보면, 한국은 2017년부터 생산 가능 인구가 감소하고 2031년부터 총인구가 감소할 것으로 예측된다. 우리는 향후 10년간 어떻게 대응하느냐에 따라 선진국 진입 여부가 판가름되는 국가 발전의 변곡점critical point에 서 있다.

문제는 나라는 부자가 되어가는데, 이를 직접 수행해온 직장인들은 그것을 느끼지 못하는 아이러니가 벌어지고 있다는 것이다. 오늘날 대공황 시대를 연상케 하는 유례없는 경제위기 속에 미래의 주역인 2030세대는 엄청난 실업률에 힘들어하고 있다. 게다가 지역 간, 계층 간, 세대 간 차이는 좌우 이념 대결과 맞물리면서 심각한 갈등 양상을 보이고 있다.

이러한 분위기는 자신의 업적을 과소평가하거나 심지어는 비하하는 한국인들의 병적 심리와 결합되어 사회심리적 이중구조라는 비효율을 낳고 있으며 이는 엄청난 사회적 비용social cost으로 되돌아오고 있다. 빨리 달려간 대신 그냥 지나치거나 놓친 것들에 대한 대가를 지불해야만 하는 것이 역사의 교훈이다. 현재 우리 사회를 뒤덮고 있는 이러한 갈등과 혼란 역시 지난날 고속 성장에 대한 수업료 청구서가 아닌가 하는 생각이 든다.

선진국이 된다는 것은 한마디로 '다양성이 중시되는 사회'가 된다는 것이다. 이를 위해 무엇보다 모노컬처mono-culture로 상징되는 국내 기관, 기업 등 한국을 이끄는 조직에서 개인의 가치를 중시하는 문화 패러다임의 전환이 이루어져야 한다. 자신과 다르다는 것은 틀린 것이 아니다. 다르다는 것과 틀리다는 것은 다르기 때문이다. 영화 〈완득이〉에서도 볼 수 있듯이 우리들 내부에 깔려 있는 단일민족주의, 순혈주의는 다양성에 대한 몰이해로 연결되어 세계 최고 수준의 배타성을 잉태하고 있다.

우리네 인생에서 가장 확실한 투자는 역시 교육이다. 교육은 사람을 바꾸고 사람은 세상을 바꾼다고 하지 않던가. 그러나 실제 학교교육 시스템은 여전히 개인의 장점을 극대화하는 데 초점을 맞추기보다는 대학 진학을 위한 이른바 '스펙 쌓기' 전쟁터로 변한 지 오래다. 그 결과 헛똑똑이형 내지 정답형 인간만을 양산하고 있다. 역시 정답보단 해답을 찾아야 한다.

그리스 철학에서는 "변하지 않는 것은 없다. 변하지 않는 것은 '변하지 않는 것은 없다'는 말뿐이다"라고 했다. 그러나 아무리 TGiF(트위터, 구글, 아이폰, 페이스북)나 집단지성, 사내 기업가정신intrapreneurship, 초연결사회hyperconnectivity와 같은 새로운 개념이 마구 쏟아져 나오는 스마트 세상이라 할지라도 변하지 않는 인생 방정식은 '능력×인간성'이라는 점이다. 서비스는 100점 아니면 0점이라는 말도 있듯이, 인생이란 게임의 룰은 덧셈(+)이 아니라 곱셈(×)이기 때문이다.

그렇다. 세상을 바꾸는 유일한 방법은 나 자신을 바꾸는 것이다. 마쓰시다 고노스케 이래 '경영의 신'이라 불리는 사람은 이나모리 가즈오 교세라 창업자이자 일본항공JAL 회장이다. 그는 능력과 인간성 중에 경영자를 택해야 한다면 자신은 인간성을 택하겠다고 했다. 인간성은 인간의 향기이자 휴머니티 그 자체다. 신이 만든 최고의 예술품이 뿜어내는 진품의 향기aura만큼 값진 것은 없다.

우리는 모두 꿈을 꾸는 존재다. 꿈이 없는 사람에게 신이 날 수 없으며 창의성이 발현될 리 없다. 우리는 로봇이나 컴퓨터가 할 수 없는 것을 해야 한다. 디지털만이 능사는 아니다. 자연의 위대함과 인간의 향기를 첨단 기술과 접목할 때 비로소 최고의 히트작이 나온다. 오늘날 역대 최강인 G세대를 보면 희망이 생긴다. 그들은 지독한 노력파인 데다 자신감이 넘친다. 무엇보다 기성세대와 달리 '즐긴다'는 차원을 이해하고 있다. 이 책을 읽는 미래 세대의 주역들이 자본주의 4.0 시대와 창조경제 시대를 맞아 전 세계가 주목하고 있는 대한민국의 조타수가 되어 또 다른 감동의 역사를 써나가 주길 바라 마지않는다.

KI신서 3829

한국인의 경영 코드

1판 1쇄 발행 2012년 2월 20일
1판 8쇄 발행 2014년 8월 10일

지은이 이동규
펴낸이 김영곤 **펴낸곳** (주)북이십일 21세기북스
부사장 임병주 **이사** 이유남
본문디자인 네오북
영업본부장 안형태 **영업** 권장규 정병철
마케팅 민안기 최혜령 강서영 이영인
출판등록 2000년 5월 6일 제10-1965호
대표전화 031-955-2100 **팩스** 031-955-2151 **이메일** book21@book21.co.kr
홈페이지 www.book21.com **21세기북스 트위터** @21cbook **블로그** b.book21.com
특수가공 이지앤비_특허 제 10-1081185호

ISBN 978-89-509-3585-6 13320
책값은 뒤표지에 있습니다.